SIMONE BÖCKER

REWILDING

SIMONE BÖCKER

Rewilding

Auf der Suche nach einem Gleichgewicht zwischen Mensch und Natur

ISBN 978-3-351-04183-0

Aufbau ist eine Marke der
Aufbau Verlage GmbH & Co. KG

1. Auflage 2023

Einbandgestaltung Rothfos & Gabler, Hamburg
Satz LVD GmbH, Berlin
Druck und Binden CPI books GmbH, Leck, Germany
Printed in Germany

www.aufbau-verlage.de

»To restore stability to our planet, we must restore its biodiversity, the very thing that we've removed. It's the only way out of this crisis we've created – we must rewild the world.«

Sir David Attenborough,
»A Life on our Planet«

»We are part of something bigger than ourselves, and we need to be able to weave ourselves into the matrix of our world.«

Nancy J. Turner,
»Ancient Pathways, Ancestral Knowledge«

Inhaltsverzeichnis

Vorwort

Aus 8000 Metern Höhe ist der Blick klar und weit. Reißen die Wolken auf, wird ein Farbteppich sichtbar: Pinselstriche und Kleckse wie auf der Palette eines Malers. Ein Raster aus blassgrünen, grasgrünen, tiefgrünen, hellbraunen Streifen überzieht die Erde wie ein abstraktes Gemälde. Dazwischen dicke und dünne graue Linien, die winzige Würfel und Quadrate netzförmig miteinander verbinden. Klare Kanten, scharfe Grenzen trennen die vereinzelten Farbinseln voneinander. Doch dies ist keine abstrakte Kunst. Dies ist die Landschaft, in der wir leben. Flächen, die eingehegt, angelegt, abgezirkelt, vermessen, verplant, einer bestimmten Funktion zugeordnet sind. Nichts franst aus, kein Mäandern, keine Weite.

Mit abnehmender Höhe nehmen die Felder, Wälder, Weiden, Flüsse klarere Konturen an. Traktorspuren auf den ansonsten bügelglatten Feldern werden sichtbar. Einzelne Baumgruppen säumen schnurgerade Straßen. Der Sprung aus der horizontalen Zweidimensionalität zeigt auf schonungslose Weise, wie die Natur, in der wir uns bewegen, tatsächlich beschaffen ist. Wälder, die von der Erde aus vielleicht stattlich erscheinen mögen, entpuppen sich aus der Vogelperspektive als einsame Restbestände, Lückenfüller zwischen allgegenwärtigen Straßen, Siedlungen, Gewerbeparks, Industrieflächen. Nichts weist eine natürliche, organische Ordnung auf. Stattdessen klar definierte Puzzlestücke, die sich zu einem Flickenteppich zusammensetzen. Wo sind Tiere, die durch die Landschaft ziehen? Wo sind Gebiete, die nicht den Stempel menschlicher Zivilisation tragen? Der Anblick aus der Luft erinnert für kurze Zeit wieder daran, wie wenig unser Bild von Natur mit dem übereinstimmt, was uns tatsächlich umgibt. So lange, bis wir diese Erkenntnis wieder verdrängen, vergessen und erst bei anderer Gelegenheit wieder daran erinnert werden.

Obwohl ich in diesen Landschaften aufgewachsen bin, ist da noch immer eine Irritation angesichts der zahllosen Autobahnen, Parkplätze, Hochhäuser, Einfamilienhaussiedlungen, Zugtrassen, die die Landschaft zerschneiden. Wie der Blick in das Gesicht eines Unfallopfers, das die Chirurgen kunstvoll wieder zusammengeflickt haben. Von Narben übersät, ist die einstige Gestalt zu erahnen. Die Entstellung ist offensichtlich, doch ich tue so, als ob ich es nicht bemerke. In dieser Situation habe ich mich scheinbar eingerichtet. Das betrifft nicht nur mich. Mit zunehmender Dringlichkeit erreichen uns Nachrichten über Artenschwund und Klimakrise. Sicher nehmen viele Menschen den Naturverlust auch in ihrem persönlichen Umfeld wahr und bemerken, dass uns weit weniger Insekten und Vögel umgeben als früher. Mit großer Wahrscheinlichkeit weiß ein Großteil der Bevölkerung von der Tatsache, dass wir am Beginn des sechsten Massenaussterbens der Erdgeschichte stehen. Aber was können wir schon tun? Und: Gibt es nicht oft genug Konflikte mit unseren eigenen Interessen und Bedürfnissen, die im Widerspruch zu Natur- und Klimaschutz stehen?

Am Anfang der Recherche zu diesem Buch stand die Erkenntnis, dass wir sehr wohl etwas tun können. Ich hatte mich bereits viele Jahre mit Wildpflanzen beschäftigt, lernte eine Vielzahl heimischer Pflanzen kennen und gab dieses Wissen in Kursen weiter. Anfangs war es die Renitenz der Pflanzen, die mich faszinierte. Ihr »Trotzdem«. Dass sie trotz der oft unwirtlichen Bedingungen an den unmöglichsten Orten wachsen. Was mich tief beeindruckte, war ihre Zähigkeit, ihre Kraft. Als ich schließlich einen Namen für mein kleines Wildkräuterunternehmen suchte, fand ich einen Begriff, der meiner Ansicht nach auf viel bessere Weise als das Wort »wild« beschreibt, worum es auch in diesem Buch geht. Ich nannte mein Unternehmen »Unkultiviert«. Was ist mit unkultiviert gemeint? Ganz einfach: Alles, was nicht gepflegt, bearbeitet, urbar gemacht ist. Was nicht gezüchtet, gezähmt, angebaut wird. Was wächst, wo und wie es will. Ohne Zwang. Bezogen auf den Menschen bedeutet es für mich: ursprünglich, echt, unverstellt zu sein. »Unkultiviert« steht für die Sehnsucht nach einer Form von Ursprünglichkeit, einer ungekünstelten Welt, einem Lebensstil der Spontaneität, der Unordnung, des Nicht-Planens, des Abgebens von Kontrolle und des Vertrauens auf den Lauf der Dinge.

Insofern ist es kein Zufall, dass ich schließlich auf das Thema Rewilding[1] stieß. Bei diesem Konzept geht es darum, der Natur und mit ihr dem Unvorhergesehenen, Unkontrollierten Platz zu geben und auf natürliche Prozesse zu vertrauen. Darum, nicht zu zähmen und einzugreifen, sondern wachsen zu lassen. Und auf diese Weise zu erleben, dass Vielfalt zurückkehrt. Statt der Horrormeldungen, die angesichts von Klimakrise, Überschwemmungen, Stürmen, Dürren, Wäldersterben Angst und Schrecken verbreiten, transportiert Rewilding eine durch und durch positive Botschaft: Der Naturverlust ist nicht nur aufzuhalten, er kann im Idealfall umgekehrt werden. Es ist nicht unmöglich, die destruktive Entwicklung aufzuhalten, in der wir uns befinden. Es ist eigentlich sogar recht einfach. Es braucht nur eine Entscheidung. Die Entscheidung, die Kontrolle abzugeben. Was dann passiert, lässt sich bereits an einigen Orten in Europa beobachten. Artenvielfalt kehrt zurück, Kreisläufe schließen sich wieder, neue, komplexe Netzwerke entstehen und bieten Lebensraum für Tiere und Pflanzen. In einer Situation, in der die Liste aussterbender Arten täglich wächst, ist dies eine nahezu revolutionäre Nachricht.

Diese einfach klingende Idee, funktionierende Ökosysteme zu schaffen und dadurch möglicherweise einen Ausweg aus der verhängnisvollen Abwärtsspirale zu finden, hat mich tief begeistert. So begann meine Recherche, die schließlich zu diesem Buch geführt hat. Der Grund für das Artensterben liegt vor allem darin, dass immer mehr Lebensräume für Tiere und Pflanzen verschwinden. Dies ist nicht nur ein massives Problem für Regenwälder im Amazonas oder in Südostasien. Auch in Europa fällt Natur vielerorts weiterhin den menschlichen Interessen zum Opfer. Dies ist ein zentrales Thema des Buches: Wollen wir Natur schützen und Artenvielfalt erhalten, dann müssen wir Natur ausreichend Platz zugestehen. Es wird nicht damit getan sein, Kohlendioxidemissionen zu reduzieren. Auch reicht es nicht, sich allein auf »grüne«, technologische Problemlösungen zu konzentrieren. Was es braucht, ist ein ganzheitlicher Lösungsansatz. Was es braucht, ist mehr Natur, in der natürliche Prozesse stattfinden dürfen, ohne die ständige Einmischung und Nutzung durch den Menschen.

Rewilding, den menschlichen Eingriff auf unsere viel genutzte Landschaft zu minimieren und der Natur die Regie zu überlassen, bietet eine natürliche, nachhaltige und kostengünstige Antwort auf die Klima- und Artenkrise und hilft uns bei der Anpassung an den Klimawandel. Intakte Flussauen, renaturierte Flussläufe und weniger versiegelte Böden führen zu weniger Überflutungen. Moore halten das Wasser in der Landschaft und beugen Dürren vor. Bäume, Moore und das Meer speichern Kohlendioxid. Wenn wir mehr Bäume wachsen lassen, trockengelegte Feuchtgebiete vernässen und die Meeresökosysteme wiederherstellen, sorgen wir dafür, dass mehr Kohlendioxid aus der Atmosphäre gebunden werden kann. Und natürlich versorgen uns funktionierende Ökosysteme mit sauberer Luft und sauberem Wasser.

Rewilding ist aber mehr als eine Methode, um Biodiversität wiederherzustellen. Rewilding stellt auch die Frage nach dem Verhältnis von Mensch und Natur. Wenn die ökologische Krise Ausdruck unseres Umgangs mit Natur ist, dann müssen wir offensichtlich unser Verhältnis zu dieser hinterfragen. Die Tatsache, dass Natur für uns in erster Linie eine »Ressource« darstellt, über die wir ungehemmt verfügen, zeigt, dass die Balance komplett aus dem Gleichgewicht geraten ist. Natur Platz zu geben, bedeutet, nicht allein menschliche Bedürfnisse ins Zentrum unseres Handelns zu stellen. Wenn wir uns stattdessen mit der Natur verbinden und in einer unmittelbaren Herzensbeziehung mit allen nichtmenschlichen Lebewesen Freude und Erfüllung finden, kann es nicht nur gelingen, für das Wohlergehen einer natürlichen Vielfalt an Tieren und Pflanzen zu sorgen, sondern auch selbst wieder Teil des Lebensnetzwerks zu werden. Einer Welt, in der Mensch, Tier und Pflanze einigermaßen friedlich koexistieren. Eine unrealistische Perspektive? Eher nicht. Wollen wir diesen Planeten und seine Bewohner:innen retten, müssen wir auf sie zusteuern. Bezogen auf das eigene Leben birgt Rewilding zudem die Chance, mehr Wildheit zuzulassen. Dabei geht es nicht mehr nur um ökologische Fragen, sondern auch um die Perspektive auf ein wilderes Leben.

Die Voraussetzung, die entscheidende Frage vorweg lautet: Sind wir dazu bereit? Sind wir bereit dazu, einen Schritt zurückzutreten, von unseren Bedürfnissen abzusehen, der Natur ein Existenzrecht zuzusprechen, auch da, wo es unseren eigenen Interessen scheinbar entgegensteht? Natur hat keine Lobby. Deswegen ist es unabdingbar, dass wir die Existenzrechte, die auch für nichtmenschliche Lebewesen gelten, endlich wahrnehmen. Eine Koexistenz von Mensch und Natur ist möglich, das zeigen etliche indigene Gemeinschaften überall auf der Welt. Bei dem dafür notwendigen Umdenken geht es nicht darum, das Rad der Zeit zurückzudrehen, sondern neue, eigene Wege zu finden. Um ein Ausloten von Möglichkeiten, Natur mehr Raum zuzugestehen und sie zu einem Bestandteil unseres Lebens zu machen – mit offenem Ausgang. Der Zauber kann darin liegen zu erkennen, dass dies nicht Verzicht bedeuten muss. Sondern dass wir etwas gewinnen können. Es geht darum, die gestörte Beziehung von Mensch und Natur neu zu verorten.

Dieses Buch ist das erste, das die vor allem im englischsprachigen Raum geführte Rewilding-Debatte in Deutschland vorstellt. In diesem Sinne handelt es sich auch um ein Pilotprojekt. Dafür habe ich recherchiert, mit Fachleuten gesprochen und ihre Rewilding-Projekte in Augenschein genommen. In der zweiten Hälfte des Buches wende ich mich gesellschaftlichen und wirtschaftlichen Fragen zu – und wende die Prinzipien des Rewilding auch auf das alltägliche Leben an. Wie lässt sich Rewilding einbetten in einen Lebensstil, der auf der Verschwendung von natürlichen Ressourcen beruht? Dieses Buch möchte die aktuelle Debatte um die Naturkatastrophe, in der wir stecken, erweitern. Es geht darum, die eigenen Grenzen zu hinterfragen und möglicherweise in eine neue Richtung zu denken. Begeben Sie sich mit mir auf eine Entdeckungsreise mit der Forschungsfrage: Wie schaffen wir eine Welt, die wieder ein bisschen wilder ist?

Das erste Kapitel ist vor allem eine paläoökologische Bestandsaufnahme. Wie sind wir in den ökologischen Kollaps geraten? Wie sah Europa früher aus? Es gehörten nämlich einst nicht nur Wölfe und Wisente (europäische Bisons) zur europäischen Fauna, sondern auch Elefanten und Nilpferde. Sie grasten in Wäldern, die große Teile Europas bedeckten. Artenschwund gab es bereits vor Jahrtausenden mit der Ausrottung der sogenannten Megafauna. Welche Auswirkungen hatte die durch den Menschen initiierte Transformation der europäischen Landschaften?

Im zweiten Kapitel werden die Ideen von Wildnis und Rewilding genauer unter die Lupe genommen. Woher kommt das

Konzept Rewilding, und wie funktioniert es? Welche Lösungen hält Rewilding bereit? Auch spielen bestimmte Tierarten eine besondere Rolle. Die sogenannten Schlüsselarten wie beispielsweise Wolf, Biber, große Weidetiere oder Beutegreifer[2] sind essenziell wichtig für das Entstehen komplexer Naturnetzwerke. Wir werden einige von ihnen an ihren verwilderten Orten kennenlernen.

Doch gibt es Hindernisse in der Umsetzung: Denn der Natur Raum zu geben, heißt, die Landnutzung im dicht besiedelten und von Flächenfraß betroffenen Europa radikal zu überdenken. Das dritte Kapitel erörtert die heikle Frage der Landnutzung in Europa. Es beleuchtet außerdem, inwiefern Naturzerstörung eine unweigerliche Folge des Wirtschaftswachstums ist. Lassen sich intakte Ökosysteme und Wirtschaft zusammenbringen? »Nature-based businesses« ist eine Antwort, die auf nachhaltige Einkommenswege setzt und Menschen im ländlichen Raum eine Perspektive bietet. Zeit für einen Paradigmenwechsel.

Rewilding funktioniert nur, wenn wir aufhören, uns wie »Kontrollfreaks« zu benehmen. Statt Kontrolle und Beherrschung der Natur braucht es eine Beziehung des Herzens und des Mitgefühls. Im vierten Kapitel begeben wir uns auf die Spurensuche: Wie kann eine andere Naturverbundenheit aussehen? Im fünften Kapitel widmen wir uns etwas ausführlicher den Weltbildern indigener Kulturen. Denn das Weltbild bestimmt unser Handeln und ist die Basis für eine Veränderung. Außerdem geht es auch um ganz persönliche Fragen: Was kann Verwilderung für unser eigenes Leben bedeuten?

1
Einleitung oder: Verlorene Welten

Der letzte Urwald

Majestätisch steht er da. Der Anblick von vorne ist stattlich. Massige Schultern, stämmige Vorderbeine, ein hochgewölbter, muskulöser, höckerartiger Nacken, der über den Rücken abfällt zu einem eher disproportional zierlichen Hinterteil. Als hätte der Schöpfer dieses Tiers den Körper wie eine Zahnpastatube nach vorne gedrückt. Der Kopf ist am imposantesten. Die breite, bullige Stirn ist gekrönt von zwei gekrümmten Hörnern, deren Spitzen sich einander entgegen recken. Maul und Nüstern werden von einem zottigen Bart umrahmt, die kleinen dunklen Augen blicken eindringlich nach vorne. Das Fell: ein flauschiges, plüschiges, etwas ausgeblichenes Braun wie bei einem Kuscheltier.

Der Anblick dieses Tiers hat etwas Archaisches. Es ist, als würde im Inneren eine Erinnerung wach werden an Zeichnungen, die im Feuerschein einer Fackel an der Höhlenwand auftauchen, Bilder von Menschen, die auf die Jagd gehen. Denn eigentlich ist dieser Wisent ein Relikt aus der Geschichte. Genauso wie seine ca. 500 Artgenossen, die mit ihm durch die Wälder von Białowieża streifen. Genauer gesagt ist das ganze Waldgebiet ein Relikt. Einer der letzten Urwälder Europas. Hier, im Osten Polens, beiderseits der Grenze zu Belarus, erstreckt sich auf 1200 Quadratkilometern der letzte verbliebene Rest jener Wälder, die einmal weite Teile Europas bedeckten. Gut 10 000 Jahre ist er alt, ein verglichen mit unseren heimischen Wäldern biblisches Alter. Eichen, Linden, Hainbuchen, Kiefern, Tannen, Eschen, Erlen bilden einen dichten Laub- und Mischwald. Manche Bäume sind 500 Jahre alt, der Durchschnitt liegt bei 150 Jahren. Immer wieder liegen umgestürzte Baumstämme auf dem Boden und lichten das Dickicht, auf den Stämmen wachsen Pilze, Moose und Farne, auf den Lichtungen sprießen junge Baumschösslinge. Der Wald stirbt stetig und wird stetig neu geboren. Der Tod ist ein wichtiger Teil des Regenerationsprozesses. Es gibt fast so viele tote Bäume wie lebendige, sie bilden den Nährboden für das neue Leben, das entsteht. Der Wald von Białowieża hat noch einen Grad an Selbstbestimmung behalten, der der Natur anderswo kaum mehr zugestanden wird. Nicht nur Wisente, auch Wölfe gehören hier wie selbstverständlich zur Landschaft. Insgesamt sorgen über 12 000 Tierarten, 1070 Pflanzen- und 4000 Pilzarten, von denen noch nicht alle erforscht sind, für ein komplexes, reiches, wildes ökologisches Netzwerk. Die Zyklen und Prozesse, die hier ablaufen, werden nicht durch den Menschen beeinflusst oder kontrolliert. Das Ökosystem ist im Gleichgewicht. Der Wald reguliert sich selbst und folgt damit einer eigenen wilden Souveränität.

Sein Überleben verdankt das Naturparadies dem Umstand, dass der Wald seit dem Mittelalter als königliches Jagdrevier unter Schutz stand. Polnisch-litauische Könige und russische Zaren machten hier Jagd auf den Wisent, der eine beliebte Trophäe darstellte. Jegliche Abholzung war verboten. Im Vergleich zu anderen Regionen Europas, wo das Tier bereits ausgerottet war, blieb die Wisentpopulation im Wald von Białowieża noch bis ins späte 19. Jahrhundert recht stabil. Erst zur Zeit des Ersten Weltkriegs starb sie aufgrund von Epidemien und wegen Wilderei aus. In den 1920er Jahren begann man mit der Nachzucht und Wiederansiedlung der Riesensäuger, in den 1950er Jahren wurden sie schließlich ausgewildert. Die Jagd sicherte also das Überleben des Waldes und über lange Strecken auch das Überleben des Wisents. 1932 wurde ein Teil des Waldes in Polen zum Nationalpark erklärt und 1979 in die Liste des UNESCO-Welterbes aufgenommen, der belarussische Teil

1992. Eine Geschichte mit Happy End, das leider nur wenigen Naturräumen in Europa vergönnt war.

Grüner Beton statt Serengeti

Denn genauso selten der Wisent noch frei in Europas Landschaften umherläuft, so rar ist europäische Wildnis. Ganze 0,6 Prozent der gesamten Landfläche in Deutschland sind geschützte Wildnisgebiete[3]. Der europäische Durchschnitt liegt bei einem Prozent Wildnis. 95 Prozent der Fläche in Deutschland sind hingegen in irgendeiner Form vom Menschen genutzt oder gemanagt. Darunter fallen Äcker und Weiden, Forstwirtschaft sowie Siedlungs- und Verkehrsflächen[4]. Das passt kaum mit der Wahrnehmung zusammen, die die meisten Menschen von ihrer »grünen« Umwelt haben. Denn sind wir nicht umgeben von Natur? Machen wir nicht am Wochenende Ausflüge, fahren Fahrrad oder wandern durch die grünen Erholungsgebiete? Sind es nicht die Naturerlebnisse im Urlaub, auf die wir uns freuen und die uns auftanken lassen? Geben wir uns bei Spaziergängen im Grünen nur einer Illusion hin, es handle sich dabei um Natur?

Eine Antwort darauf gibt George Monbiot. Der britische Zoologe, Journalist und Buchautor ist einer der führenden Rewilding-Experten weltweit. Wenn es seine Zeit erlaubt, fährt der hochgewachsene Endfünfziger mit Brille und Lockenschopf – sportlich mit Fahrrad – gerne nach Boars Hill, einem beliebten Ausflugs- und Aussichtspunkt am Rand der britischen

Stadt Oxford. Er steht am Gatter des schmalen Trampelpfads, der quer über die Wiese verläuft, und schaut auf die lieblichen Hügel, die sich vor ihm ausbreiten. Der Blick geht über das Thames Valley bis zur Stadt hinab, deren Konturen sich in der Ferne abzeichnen. Weitläufig erstreckt sich die Wiese die sanft geschwungenen Hügel hinunter. Verblichene sandfarbene Grashalme mischen sich unter das ansonsten kräftige Grün, vereinzelt stehen Büschel verblühter Ackerkratzdisteln, ein paar Weißdornsträucher, geduckte Baumgrüppchen, linker Hand angrenzend ein kleines Wäldchen. Wildschweine, worauf der Name des Ortes schließen ließe, leben hier schon lange nicht mehr, stattdessen grasen ein paar Schafe am Waldrand. Eine grüne Idylle. Monbiots Urteil über den Zustand der schönen grünen Landschaft: durchschnittlich schlecht. Grün allein als gutes Zeichen zu verstehen, sei zu kurz gegriffen. »Wir sollten zu dieser Jahreszeit eher Braun- und Gelbtöne sehen. Diese Weide hier wurde in Stickstoff und Phosphaten getränkt, das Grün ist also ein Zeichen von Missmanagement! Aber weil das ökologische Wissen der meisten Menschen so gering ist, denken sie, alles, was grün ist, sei gut. Diese Wiese ist in Wahrheit so artenreich wie Beton.«[5]

George Monbiot ist bekannt für seine schonungslose Bestandsaufnahme des Zustands der britischen Natur. In seinem Buch »Feral«[6] setzt er sich nicht nur für die Renaturierung disfunktionaler Ökosysteme ein, er stellt auch die Sehgewohnheiten der Menschen infrage. Denn das Bild, das er von der grünen Insel zeigt, will so gar nicht mit dem Selbstbild der Briten als »land of outstanding natural beauty« übereinstimmen. Seine

Botschaft: Bei den idyllischen Hügellandschaften der britischen Uplands, die in Großbritannien als touristische Highlights von besonderem Naturwert gelten, handele es sich weitestgehend um kahl gefressene, degenerierte, ausgebeutete, verarmte Kulturlandschaften in bedauernswertem Zustand. Tote Zonen, in denen kaum Lebewesen vorkommen.

Wie beispielsweise in Wales. Dorthin war er mit seiner Familie gezogen, weil er unter »ökologischer Langeweile« litt. Er hatte Sehnsucht nach Wildnis, nach einem raueren, echteren Leben. Doch in Wales, wo er die Wildnis vermutete, fand er sie nicht. Zwischen Snowdonia und den Cumbrian Mountains, auf den baumkahlen, grasbewachsenen Hügeln, traf er auf keine Wildtiere. »Ich konnte den ganzen Tag wandern und sah außer ein, zwei Krähen so gut wie keine Vögel! Mitten im Sommer kniest du dich auf eine Wiese und findest kein Insekt! Wo waren all die Tiere?«

Die Antwort fand er bald. Das Land sei »sheep-wrecked« – ein Wortspiel, das aus dem Schiffbruch einen »Schafbruch« macht. Die mehr als acht Millionen Schafe (d.h. drei Schafe kommen auf eine:n Einwohner:in) fressen die Hochlandflora bis auf die Stoppeln herunter. Das britische Bergland degradierte durch die Überweidung zu einer kahlen, artenarmen Graslandschaft. Angesichts dieser Tatsache scheine es verrückt, so Monbiot, dass die Cambrian Mountains Society die Region dennoch weithin als unverdorbene Landschaft beschreibt und deren Ursprünglichkeit preist. Ähnlich sähe es in Schottland aus, wo das für die Jagd beliebte Rotwild mangels natürlicher Feinde überhandgenommen hat. Neben den Schafen und dem

Abholzen durch den Menschen trugen die Hirsche einen Großteil dazu bei, dass der Kaledonische Wald, der einst in den Highlands vorherrschte, auf ein Prozent zurückgegangen ist. Und auch dort erleben die meisten Besucher:innen die Landschaft als wildromantisch und schätzen sie als besonders natürlich.

Was also bedeutet eigentlich »natürlich«? Wie hat beispielsweise das Thames Valley vor Jahrtausenden ausgesehen? Die Antwort: ähnlich wie heute, doch mit ein paar entscheidenden Ausnahmen. Außer Igeln, Füchsen, Dachsen, Elstern und Dohlen hätten auch Elefanten, Rhinozerosse, Nilpferde, Löwen, Säbelzahnkatzen die Landschaft um Oxford bevölkert, erklärt George Monbiot. »Wir hatten ein Ökosystem mit einer voll ausgeprägten Megafauna[7]. Es gab Beutegreifer, das Flusstal war voll mit Nilpferden. Wir kennen diese Tiere nur aus den Tropen, weil wir sie überall sonst ausgerottet haben!« Der Europäische Waldelefant, das Wollmammut, drei Nashornarten lebten in Europa sogar noch, als bereits der Mensch eingewandert war. Bei einer Ausgrabung am Londoner Trafalgar Square fanden sich Flusspferdknochen, genauso wie Knochen von Waldelefanten, Riesenhirschen, Auerochsen und Löwen. Diese lebten im Übrigen noch bis vor 11 000 Jahren in den Gefilden des heutigen Vereinigten Königreichs. Große Teile Westeuropas waren mit Regenwald bedeckt, der auch in Wales einst heimisch war. Einige winzige, inselartige Überbleibsel existieren sogar heute noch.

Dieses unglaublich reiche europäische Naturerbe ist im öffentlichen Bewusstsein jedoch kaum präsent. Und zwar nicht nur bei Laien, sondern auch in der Wissenschaft. George Monbiot musste erst sechs Jahre in den Tropen verbringen, bevor er die ökologische Vergangenheit seines Landes mit neuen Augen sehen konnte. Der Zoologe war als investigativer Journalist unter anderem in Indonesien, Brasilien und Ostafrika unterwegs, um über Umweltzerstörung und Menschenrechtsverletzungen zu berichten. Dort begann er, die komplexe Funktion intakter Ökosysteme zu studieren. »Ich verstand, dass wir uns in Europa lediglich mit den Artefakten menschlicher Intervention beschäftigen. Wir stehen vor den Trümmern einer unglaublichen Fülle, die es einst auch hier gab. Die Migration großer Tierherden, die wir in der Serengeti sehen – das ist der Normalzustand in der Natur! Aber die haben wir fast überall verloren.«

Der Abschied von der Fülle

Mit seiner Analyse hat George Monbiot viel Kritik von seinen Landsleuten geerntet, die sich ihr idyllisches Bild nicht verderben lassen wollten, auch zog er sich den Zorn vieler Schafzüchter:innen zu. Dennoch ist es ihm gelungen, den Blick auf die heimische Natur zu verändern. Denn in der Tat gehört Großbritannien zu den Ländern in Europa mit der größten Naturzerstörung und der geringsten verbleibenden Artenvielfalt[8]. Gerade einmal zehn Prozent beträgt der Anteil an Wald landesweit, während der europäische Durchschnitt bei 30 Prozent liegt. 70 Prozent des Landes werden landwirtschaftlich genutzt – eine absurd hohe Zahl im Vergleich zu anderen europäischen Ländern mit einem Durchschnitt von 50 Prozent. 41 Prozent der Arten sind gefährdet, 133 Arten sind seit 1950 ganz verschwunden[9]. Tiere, die andernorts in Europa noch oder wieder zu Hause sind wie Biber, Wolf, Wildschwein, Bär oder rotes Eichhörnchen, fehlen der Inselfauna mittlerweile komplett. Und doch gilt Großbritannien vielen als Naturparadies. Nicht zuletzt wegen der berühmten Gärten und Parks, die allzu viele für Natur halten.

Dieses Missverhältnis ist zu einem großen Teil das Ergebnis der geringen Kenntnis ökologischer Zusammenhänge. In der Regel gelingt es nur Fachleuten, den Zustand eines Habitats zu beurteilen. Dazu kommt das »Shifting baseline syndrom«[10], eine Theorie, die versucht, das Phänomen einer verschobenen Naturwahrnehmung zu erklären. Ihr zufolge halten Menschen einer Generation den Zustand der Natur für normal, den sie aus ihrer Kindheit kennen. Es ist ihr ökologischer Referenzpunkt. Demnach ist die Natur, die wir als Kind erleben, das Maximum an vorstellbarer Fülle. Eine Verarmung der Natur empfinden wir nur im Rahmen der eigenen Erfahrung. Ältere Erwachsene werden im Vergleich mit ihrer Kindheit eine Abnahme an Insekten, vor allem an Schmetterlingen, auch an Vögeln wahrnehmen. Sie werden sich vielleicht noch an den vertrauten Anblick von Mai- und Hirschkäfern erinnern. Doch was ist mit der Fülle an Schmetterlingen, Käfern, Libellen, anderen Insekten und Vögeln, wie sie vor Jahrhunderten herrschte? Sie kann emotional nicht erfasst werden – und damit auch nicht ihr Verlust. Die Soziologin Eileen Crist spricht in ihrem Buch »Schöpfung ohne Krone« sogar von einer »kollektiven

Amnesie«. Wir sind derartig an die vorherrschende monokulturelle Kulturlandschaft gewöhnt, an den Anblick der Forstplantagen, die wir »Wälder« nennen, dass uns die leergefegte Flur als normal erscheint. Natur ist für uns eine mehr oder weniger gepflegte Gartenlandschaft, die eher einem Park ähnelt als einem wirklichen Ökosystem. Für diesen Zustand heutiger, verarmter Natur ohne die ursprüngliche Megafauna hat George Monbiot den Begriff Geisterökosystem geprägt.

Doch was ist dann ursprüngliche Natur? Was ist Wildnis? Um es gleich zu sagen: Eine vom Menschen gänzlich »unberührte Natur« existiert nicht – zumindest nicht in den letzten 50 000 Jahren. Seit dieser Zeit hat der Mensch nachweislich mehr oder weniger folgenreich in seine Umwelt eingegriffen. Außerdem war (und ist) Natur schon immer einem permanenten Wandel unterworfen. Klimaerwärmung oder -abkühlung, Sukzession (also die Abfolge verschiedener Vegetationsphasen an einem Standort) oder menschlicher Eingriff halten die Naturprozesse ständig und über die Jahrtausende im Fluss. Eine statische, ökologische »Grundlinie«, von der wir gestartet sind und zu der es zurückzukehren gilt, ist kaum zu benennen. So ist es zum Beispiel ein Trugschluss, dichte Wälder in fast allen Teilen der Welt noch für ursprünglich zu halten. Selbst Teile des Regenwalds sind durch menschlichen Einfluss geprägt, indem die Bewohner:innen vor allem Samen bevorzugter Baumspezies verbreiteten und durch Feuertechnik und Wanderfeldbau ihre Umgebung formten[11].

Schauen wir uns die Begriffe Natur und Wildnis genauer an. Natur wird gemeinhin als Abgrenzung zur Kultur benutzt und umfasst die Gesamtheit organischer und anorganischer Erscheinungen (Pflanzen, Tiere, Gewässer, Gesteine), die nicht vom Menschen geschaffen wurden oder sich ohne sein Zutun entwickelt haben und existieren. Doch auch wenn Natur nicht vom Menschen geschaffen wurde, so wurde sie – nicht nur in Europa – zu großen Teilen vom Menschen direkt geformt oder beeinflusst. Deswegen handelt es sich bei dem, was wir unter Natur verstehen, überwiegend um sogenannte »Kulturlandschaften«. Als Wildnis hingegen wird Natur definiert, die vom Menschen (mehr oder weniger) unbeeinflusst ist. Bei genauerem Hinschauen sind diese Definitionsgrenzen problematisch: Woher wissen wir, welches Gebiet gänzlich »unbeeinflusst« ist? Und: Ist das überhaupt das entscheidende Kriterium? Der Ausschluss jeglichen menschlichen Eingriffs sieht im Menschen zwangsläufig einen Störfaktor. Die European Wilderness Society[12] versteht Wildnis in erster Linie als Gebiete, in denen heimische Arten leben und die groß genug sind, damit natürliche Prozesse ungestört stattfinden können.

Auch die WILD Foundation[13] definiert Wildnisgebiete als »diese letzten wirklich wilden Orte, die der Mensch nicht kontrolliert und die nicht durch Straßen, Pipelines oder andere industrielle Infrastrukturen erschlossen sind«[14]. Der US-amerikanische Wilderness Act von 1964 benutzt etwa den Begriff »untrammeled«, was so viel wie nicht eingeschränkt, ungehindert, frei bedeutet. Ungezähmt. All diese Wildniskriterien zielen also nicht auf Unberührtheit der Natur vom Menschen ab. Es geht vielmehr um die Qualität des menschlichen Handelns: Es darf nicht (zer)stören, sondern die Natur muss in der Lage sein, ihren eigenen Prozessen zu folgen. Was zählt, ist die biologische Intaktheit.

Für diese Definition von Wildnis hat die Rewilding-Bewegung den schönen Begriff vom »self-willed land«, der eigen-willigen oder selbstgesteuerten Natur geprägt. Was dieser Begriff vermittelt, ist eine Autonomie, die im Gegensatz zu der allgegenwärtigen, vom Menschen ausgeübten Kontrolle steht. Das Land darf über sich selbst verfügen. Es geht also nicht darum, Mensch und Natur als »Feinde« gegenüberzustellen. Wildnis und Mensch sind nicht inkompatibel, ist der Mensch doch Teil der Natur. Es stellt sich allerdings die Frage nach der Beziehung des Menschen zu seiner Umwelt und nach dem Grad an ausgeübter Kontrolle oder gewährter Autonomie. Nicht jeder Eingriff ist eine Kontrolle. Menschen können durchaus in Natur eingreifen, ohne sie zwangsläufig zu kontrollieren. Erst wenn ein gewisses Ausmaß der Kontrolle erreicht ist, hat die Wildnis ihre Eigenständigkeit und damit ihren Status als Wildnis verloren. Das erklärt, warum beispielsweise eine Brache in der Stadt durchaus als Wildnis empfunden und definiert werden kann – weil sie keiner Kontrolle unterliegt. Im Gegensatz dazu kann ein Garten oder ein Park, gezielt angelegt, durchstrukturiert und permanenter Kontrolle ausgesetzt, trotz eventuell vorhandener Artenvielfalt nicht mehr als Natur verstanden werden, sondern als reine Kulturlandschaft.

Der Einfluss des Menschen: Jäger und Sammler

Die Qualität der Eingriffe hat sich in den letzten Jahrtausenden verändert hin zur kompletten Ausbeutung und Kontrolle der Natur, wie wir sie heute ausüben. Aber natürlich haben auch schon Jäger- und Sammlergesellschaften die Umwelt in ihrem Sinne beeinflusst. In vielen Teilen der Welt nutzten sie vor-landwirtschaftliche Methoden vor allem mit der Absicht, die Produktivität bestimmter Nahrungspflanzen zu erhöhen[15]. Durch Rodung, besonders die gezielte Brandrodung, schufen sie geeignete Bedingungen, damit erwünschte Pflanzen wie Beeren, bestimmte Sträucher oder auch krautige Pflanzen wachsen konnten. Die Menschen kreierten damit ein Patchwork verschiedener Habitate wie Wälder, Grasland und zwischen ihnen sogenannte Übergangszonen (die Randgebiete zwischen Wald und Wiese oder Flussufer), die ökologisch und nahrungstechnisch besonders wertvoll sind[16]. Durch Techniken wie das Beschneiden erhöhten die Jäger und Sammler außerdem die Erträge der von ihnen genutzten Pflanzen. Gleichzeitig trug ihr Verhalten zu einer Steigerung der Artenvielfalt bei, da die verschiedenen Habitate auch einer Vielzahl von Lebewesen eine Lebensgrundlage boten. Selbst als vor ca. 10 000 Jahren die Landwirtschaft Einzug hielt, war dies für Flora und Fauna in weiten Teilen unproblematisch bzw. sogar förderlich. Das Mosaik aus offener Graslandschaft und Wald wurde durch grasende Nutztiere gefördert, das Aufbrechen des Bodens diente dem Wachstum weniger durchsetzungsstarker Pflanzen. Der angebaute Weizen war Nahrungsquelle für Vögel und andere Samen fressende

Tierarten, die wiederum die Population ihrer Beutegreifer wachsen ließ. Wildnis wurde beeinflusst und bewirtschaftet, jedoch keine Kontrolle ausgeübt. Ungeachtet der vielfältigen Folgen, die die Einführung der Landwirtschaft für die menschliche Gesellschaft mit sich brachte, hatte die Interaktion zwischen Mensch und Natur über die Jahrtausende eine überwiegend positive Auswirkung auf die Artenvielfalt[17].

Der pleistozäne Overkill

Dennoch ist das Phänomen der Ausrottung ganzer Tierarten nichts Neues und begleitet die Geschichte der Menschheit seit Langem. Noch vor 100 000 Jahren war überall auf der Welt eine reiche Megafauna anzutreffen, zu der oftmals nicht nur Löwen, Elefanten und Nashörner gehörten, sondern auch Tierarten, die uns heute gänzlich unbekannt sind. Zu den artenreichsten Kontinenten mit einer vielseitigen Megafauna gehörten neben Australien vor allem Nord- und Südamerika. Dort lebten etliche Mammutarten, sogenannte Mastodons, Biber von der Größe von Bären, Bisons, Buschochsen, Moschusochsen, Säbelzahnkatzen, der Kurznasenbär oder Vogelarten wie der Rock mit einer Flügelspanne von fünf Metern. In Südamerika gab es eine Lama-Art mit Rüsselschnauze, ebenso wie gigantische Gürteltiere und Faultiere[18]. Außerdem herrschte eine unglaubliche Fülle an Tieren: 250 000 bis 500 000 Wölfe bevölkerten die Weiten Nordamerikas, genauso wie Pumas, Grizzlybären und Millionen von Elchen. Allein die Zahl der Wandertauben ging in die Milliarden, so dass ihre Schwärme von Zeitgenossen als »biologischer Sturm« beschrieben wurden. Ganz zu schweigen von der Fülle an Fischarten, die in Flüsse migrierten und die Meere bewohnten, neben unzähligen anderen Meeresarten wie Walen, Seeottern, Walrössern, Meeresschildkröten und Seevögeln. Sie waren nicht einfach nur da – sie gestalteten gemeinsam komplexe, vielschichtige Ökosysteme, in denen jede einzelne Art ihre wichtige ökologische Aufgabe erfüllte[19]. Auch in Europa kamen die Grasfresser, die über eine Tonne wogen, und Fleischfresser mit mehr als 100 Kilogramm Körpergewicht in großen Mengen vor. Dazu zählten Säbelzahnkatzen, Höhlenlöwen, Höhlenhyänen und Höhlenbären genauso wie Steppenwisente, Riesenhirsche, Mammuts oder Wollnashörner.

Was geschah mit ihnen? Ihr Aussterben fiel in einen Zeitraum, der vor etwa 50 000 Jahren begann und vor etwa 10 000 Jahren endete und mit der Ausbreitung des Menschen zusammenfiel. Es war der Übergang zweier Zeitabschnitte in der Erdgeschichte: Vor 12 000 Jahren begann das Holozän, das Nach-Eiszeitalter. Damit endetet das Pleistozän, die letzte Eiszeit. In diese Zeit fallen auch die allmähliche Sesshaftwerdung und die Einführung der Landwirtschaft, Entwicklungen, die zu einem kulturellen Wandel führten, der dem Menschen mehr und mehr erlaubte, seine Nische zu verlassen und seine Umwelt stärker zu beeinflussen. So gelang es ihm auch, durch eine ausgefeiltere Jagdtechnik und Waffen die Spannbreite an Beutetieren zu erweitern. Betroffen davon war in erster Linie die Megafauna. Säbelzahntiger, Höhlenbär und Mammut waren in

Eurasien höchstwahrscheinlich bereits von altsteinzeitlichen Jägern ausgerottet worden[20]. Vor 14 000 Jahren, als der Mensch schließlich jeden Kontinent (außer der Antarktis) bevölkert hatte, waren auch Australien sowie Süd- und Nordamerika von Massenaussterben betroffen. Da sich die Fauna dort anders als in Afrika und Eurasien nicht zusammen mit dem Menschen entwickelte, wurde sie von den Einwanderern mit ihren ausgefeilten Jagdgewohnheiten regelrecht »überrumpelt«. Diese Kontinente verloren 70 bis 90 Prozent ihrer Megafauna[21]. In Südamerika verschwanden Riesenfaultier und Riesengürteltier ca. 600 Jahre nach der menschlichen Besiedlung des Kontinents[22]. In Australien waren am Beginn des Holozäns bereits die Hälfte der großen Säugetiere und etliche Vogelarten durch Jäger und Sammler ausgerottet worden.

Ob der Faktor Mensch oder das Klima für das Aussterben ausschlaggebend oder entscheidender war, wird bis heute in der Wissenschaft diskutiert. Veränderte Klimabedingungen, Vulkanaktivitäten und andere geologische Kräfte spielten mit Sicherheit eine Rolle. Gemeinhin wird der »pleistozäne Overkill«[23] aber eher auf die Bejagung zurückgeführt[24]. Eileen Crist warnt jedoch vor der Gefahr, die Idee eines »Auslöschungskontinuums« zu kreieren, in dem der Mensch als »Serienmörder« durch die Zeitalter marodiert und es ihm quasi in der Natur liege, Lebewesen rücksichtslos auszulöschen[25]. Dieses Menschenbild, das die Ansicht zementiert, der Mensch sei zum Töten veranlagt, negiert die vielen Beispiele von Kulturen, die durch die verschiedenen Epochen hinweg in Balance mit der Natur und in einem Verhältnis von Fürsorge und Dankbarkeit gelebt haben – nachhaltig im Geben und Nehmen. Crist weist zudem auf den wichtigen Punkt hin, dass die Ausrottung durch die frühzeitlichen Jäger nicht beabsichtigt war. Eine Aussage, die auf die später folgenden »Ausrottungswellen« zu Beginn der Zivilisation bis in unsere Zeit hinein weniger zutrifft. Was spätere Gesellschaften zumindest zum Teil antrieb, ist ein Kampf gegen die Natur, der ihre Beherrschung und Unterjochung zur Absicht hatte.

Landwirtschaft und Bevölkerungswachstum

Die Landwirtschaft sollte sich als schicksalhaft für die Biosphäre erweisen. Durch das wachsende Nahrungsangebot und die effizientere Verarbeitung stieg die Bevölkerungszahl stetig an. Auch wenn die Entwicklung nicht linear verlief und durch viele Rückschläge gekennzeichnet war, wuchsen Agrarbevölkerungen schneller als Jäger- und Sammlergesellschaften und verbreiteten sich über den gesamten Planeten. Die Menschen ballten sich zunehmend in Siedlungen, ihre gesellschaftliche und kulturelle Struktur entwickelte sich zu immer komplexeren Systemen. Intensivere Umwelteingriffe wurden notwendig, um die Ernährung zu sichern. Mehr Land musste in Acker- und Weidefläche umgewandelt werden, Wälder wurden abgeholzt. Wildnisgebiete mussten nach und nach der Landwirtschaft weichen – eine Entwicklung, die auch heute eins der größten Probleme für die verbleibende Tierwelt darstellt.

Bis zum Mittelalter war Landwirtschaft im Großen und Ganzen extensiv betrieben worden. Der Mensch hatte die Natur zwar nach seinen Bedürfnissen geformt, war in seinem Wirken jedoch an gewisse Grenzen gestoßen, denen er sich fügen musste. Ab dem Zeitpunkt setzte eine Intensivierung der Landnutzung ein. Zwar waren bis dahin bereits große Teile der europäischen Wälder abgeholzt, zudem waren durch Wanderfeldbau, Düngung und andere Praktiken die Böden grundlegend verändert worden. Die Qualität der Eingriffe nahm ab dem 18. Jahrhundert, dem Zeitalter der Aufklärung, jedoch infolge des technischen Fortschritts eine neue Form an. Auch spielte die Ökonomisierung der Natur eine immer größere Rolle. Bei der Einführung der Forstwissenschaft vor 150 Jahren sollte beispielsweise der Wald durch größte Gleichförmigkeit möglichst viel Reinertrag bringen[26]. Es begann ein systematischer Umbau der Natur, der allein dem Interesse des Menschen diente.

Die Natur wird gezähmt

Stellen wir uns Deutschland Mitte des 18. Jahrhunderts vor. Bis dahin war das Land in weiten Teilen geprägt von Wasserlandschaften: Tümpel, Teiche, Seen, Sumpf- und Marschland, das vor allem in der Norddeutschen Tiefebene vorherrschte und von Zeitgenossen mit den Feuchtgebieten der Neuen Welt oder Amazonien verglichen wurde. Die Flüsse mit ihren Überschwemmungsgebieten und Auwäldern, Hunderten von Kanälen, Sand- und Kiesbänken mäanderten frei und unreguliert. Noch bis ins 19. Jahrhundert hatte der Rhein nicht ein einziges festgelegtes Flussbett. Hochmoorflächen waren zu dieser Zeit noch intakt, die Täler der Mittelgebirge noch nicht von Stauseen geflutet[27]. Würden wir aus heutiger Perspektive diese Landschaften bereisen, wir würden sie wohl nicht wiedererkennen.

Im späten 18. Jahrhundert begannen sich die Lebensverhältnisse der Menschen langsam zu ändern. Die Ernährungs- und Hygienesituation verbesserte sich, die Bevölkerungszahl wuchs, weswegen Neuland für die Kultivierung gebraucht wurde. Dieses Land musste der Natur jedoch förmlich abgerungen werden. So wurde »ödes, wertloses Sumpfland« beispielsweise im Oderbruch trockengelegt und in »die Kornkammern unseres Landes« umgewandelt. Diese Worte Theodor Fontanes aus seinen »Wanderungen durch die Mark Brandenburg. Das Oderland« von 1873 beschreiben die damalige Begeisterung über die kulturelle und technische Leistung, mit der das Land »aufgewertet« worden war. Felder, Weiden, Ortschaften entstanden in Gebieten, wo vorher »morastige Wüste« geherrscht hatte. Explizites Ziel der zunehmenden Kultivierung war eine »Abschaffung« der Wildnis. Der »nutzlose« Boden musste nun Feldern und Wiesen weichen. Natur wurde dabei als reine Ressource gesehen, über die es zu herrschen galt.

In seinem Buch »Die Eroberung der Natur«[28] beschreibt David Blackbourn detailliert, wie der Umbau der Landschaften im Geiste der Aufklärung in fast jedem Winkel der deutschen Staaten umgesetzt wurde. Der unerschütterliche Glaube an Wissenschaft und Fortschritt ging einher mit der Idee, dass die Natur dem Menschen Feind sei, die es zu zähmen, fesseln, unterwerfen und erobern galt. Der Mensch als »Herr und Eigentümer der Natur« verlieh sich dabei selbst die uneingeschränkte Legitimation. Welch unglaubliche Anstrengung es bedeutete, die nötigen Maßnahmen durchzusetzen, schildert Blackbourn eindrücklich an etlichen Beispielen. So wurden einstige Sumpflandschaften trockengelegt und für Landwirtschaft, Beweidung und Besiedlung »urbar« gemacht, nahezu alle Flüsse begradigt und eingedämmt und damit ihrer natürlichen Überschwemmungsflächen beraubt. Moore wurden kolonisiert, auch in die Gestaltung der Küste wurde – wie beispielsweise mit der Schaffung des Jadebusens – massiv eingegriffen. Der ursprünglich sich ständig verändernde Verlauf der Küstenlinie wurde durch Deiche sprichwörtlich zementiert. Es begann eine Ära der künstlichen Eindeichung, Begradigung, Trockenlegung, bei der es um die absolute Kontrolle über die Natur ging. Die fortschreitende Zivilisation ging Hand in Hand mit der Inbesitznahme immer weiterer Lebensräume, durch die im Laufe der Zeit jegliche nichtmenschliche Lebensformen immer weiter verdrängt und in ihrer Existenz bedroht wurden.

Der Kampf gegen die Natur galt auch allen möglichen Tierarten. Tiere wurden getötet, wenn sie die Ressourcen der Menschen zu vernichten drohten und daher als Nahrungskonkurrenten angesehen wurden. Zu diesen »Schädlingen« gehörten Ratten, Mäuse, Füchse, Maulwürfe, Wiesel, Biber, Hamster, Insekten, Wildschweine, Wölfe, Spatzen. Sie wurden systematisch verfolgt, teilweise wurden Prämien auf ihre Tötung ausgesetzt[29]. Tiere wurden zudem aus ökonomischen Gründen zur »Naturressource« und als Nahrungsquelle bejagt. Aber auch aus purer Jagdlust ging es den verbleibenden großen Säugetieren an den Kragen. Wisent, Auerochse, Wolf und Bär hatten zwar bis ins Mittelalter überlebt. Doch wurde der letzte Auerochse im 17. Jahrhundert in Polen getötet. Wolf, Bär und Luchs verschwanden zwischen 1750 und 1790 fast vollständig. Der europäische Bison (Wisent), in vielen Höhlen in Wandmalereien abgebildet, überlebte bis zum Anfang des 20. Jahrhunderts in den Wäldern von Białowieża, bevor die letzten Exemplare in den 1920er Jahren erlegt wurden[30]. Besonders krasse Ausmaße nahm die systematische Bejagung in den neu entdeckten, kolonialisierten Gebieten in Nord- und Südamerika an. Hier fand ein wahrer Raubzug auf die Fauna mit verheerender Wirkung statt. Bekanntermaßen sind die reichen Vorkommen an Bisonherden vernichtet worden (nicht nur aus kommerziellen Gründen, sondern auch, um der indigenen Bevölkerung die Nahrungsgrundlage zu nehmen). Wegen des florierenden Pelzhandels erging es den Bibern nicht besser. Die Jagd auf Wale, Seerobben, Schildkröten ebenso wie auf zig Fisch- und weitere Säugetierarten hat deren Anzahl derart dezimiert, dass von einem »Holocene Overkill«, einem zweiten, durch den Menschen verursachten Massenaussterben im Zeitalter des Holozän, gesprochen werden kann[31].

Aber es ging auch um maximale Kontrollausübung. Sümpfe etwa verletzten den Ordnungssinn der Naturverwalter. Sie behinderten die Vermessung und Kartografierung durch die Katasterämter[32]. Sie dienten als Versteck für kriminelle Elemente, Deserteure und sonstige Gesetzlose. Auch bei der Besiedlung des Neulandes zeigte sich der Ordnungswahn. Die Dörfer wurden nach genauestens festgelegten Parametern geplant, was

Abstand, Größe der Häuser, Gärten, Felder, Weiden anging. Gekrümmte Linien waren verboten. Das Ideal von Rechtwinkligkeit und Gleichförmigkeit stand dem unberechenbaren, chaotischen Charakter der Natur entgegen. Insofern führten die damaligen Herrscher mit ihren gewaltigen, ungeheuer arbeitsintensiven Zähmungsprojekten einen vielschichtigen Krieg gegen die Natur. Ein Gelehrter fasste die Stimmung wie folgt zusammen: »Der Mensch ist immer unabhängiger vom Boden, auf dem er lebt. (...) er kann überall Lebensbedingungen so variieren, sich ihnen auch persönlich so anpassen, dass die geographischen Bedingungen eine immer geringere Rolle spielen. Sumpfgegenden verscheuchen die Menschen nicht mehr, sondern reizen sie, Abwehrmaßnahmen zu ergreifen. Wenn früher ein Mensch und ein Sumpf zusammenkamen, verschwand der Mensch, jetzt der Sumpf.«[33] Fortschritt und Zivilisation standen der Natur entgegen. Sie wurden nur in absolutem Gegensatz zueinander verstanden. Die daraus resultierende Instrumentalisierung der Natur für die eigenen Bedürfnisse liegt bis heute der Landnutzung fast überall auf dem Planeten zugrunde. Der Mensch hat sich von der Natur nicht nur entfremdet, er hat ihr die Beziehung aufgekündigt, sie objektiviert und entwertet, sich von ihr »emanzipiert«, ihr ein Existenzrecht abgesprochen.

Diese Entwicklung war keineswegs zwangsläufig, sondern ist das Ergebnis einer Denkweise: Das anthropozentrische Weltbild geht davon aus, dass der Mensch allen anderen Lebensformen überlegen und daher berechtigt ist, über diese im Sinne seiner eigenen Interessen zu verfügen[34]. Fürsten, Akademiker,

Philosophen oder Verwaltungsleute sahen es als ihr Recht und ihre Pflicht an, »eine *natura lapsa,* eine ›gefallene Natur‹ zu ›reparieren‹ oder zu ›meliorieren‹, zu ›verbessern‹«[35]. Die Natur an sich wurde als unvollkommen und minderwertig wahrgenommen, die erst der Mensch in einen Zustand der Perfektion und der Ordnung bringen könne. Die Frage, inwiefern dieses Weltbild auch heute noch eine Rolle in unserem Verhältnis zur Natur spielt, ist fundamental, wenn wir Klimakrise und Artenverlust tatsächlich aufhalten wollen. Wir werden uns mit dieser Frage in späteren Kapiteln genauer beschäftigen.

Die Kultivierung der Wildnis hatte ihren Preis. Zwar gewannen die Menschen Lebensraum in vormals »unwirtlichen« Gegenden. Es gelang ihnen, die Gefahren von Hochwassern und Sturmfluten, bei denen regelmäßig ganze Dörfer zerstört worden waren, einigermaßen in Schach zu halten. Feuersbrünste, wilde Tiere – die gefährliche, bedrohliche, unkontrollierbare Seite der Natur hatte man, so gut es ging, eingedämmt. Doch das geschah auf Kosten der Pflanzen- und Tierwelt. 45 verschiedene Fischarten lebten Anfang des 19. Jahrhunderts im Rhein und seinen Nebenflüssen, darunter Flussbarsche, Schleien, Rotaugen, Brassen. Es gab eine große Zahl an migrierenden Meeresfischen, die zur Laichzeit den Fluss hinaufwanderten, wie etwa Flussneunaugen, Meerforellen, Störe und sogar Lachse. Lachs, Maifisch und Stör galten als »Brotfische« Mitteleuropas, das heißt, sie sicherten den Lebensunterhalt von Fischern an etlichen Flüssen wie Elbe, Weichsel, Oder, Saale, Donau, Weser, Mosel[36]. Die Begradigung und der damit verbundene Verlust an Laichplätzen,

Stauwehre und Gewässerverschmutzung machten diesem Artenreichtum sowie auch der Fischerei ein Ende. Die Trockenlegung der ausgedehnten Sümpfe zerstörte komplexe Feuchtgebietsökosysteme mit einer unvorstellbaren Vielfalt an Insekten, Fischen, Vögeln und Säugetieren[37]. Der gravierende Verlust an Artenvielfalt war die logische Folge der intensivierten Landnutzung, der Kultivierung, der Expansion. Bereits damals begann die Homogenisierung der Landschaften. Es entstanden anthropogene Landschaften, die ihrer einstigen Vielfältigkeit, Schönheit und Einzigartigkeit zum Großteil beraubt waren. Wir haben uns von der Vorstellung einer Natur der Fülle, von einer erfüllenden wechselseitigen Beziehung mit der Natur verabschiedet. Stattdessen leben wir in einem Geisterökosystem, das ohne ständige Eingriffe nicht »funktioniert«.

Flurbereinigung – Die Natur wird gesäubert

Nach der »groben« Urbarmachung der noch unkultivierten Flächen ging es im 20. Jahrhundert mit dem »Feinschliff« weiter. Ein Instrument dafür war die sogenannte Flurbereinigung, die Ende des 19. Jahrhunderts ihren Anfang nahm. Dabei ging es in erster Linie darum, den kultivierten Flächen alle störenden Elemente zu entnehmen, die einer effizienten Bewirtschaftung im Wege waren. Die oftmals kleinteiligen landwirtschaftlichen Strukturen wurden für eine bessere Nutzung zusammengelegt, um eine intensivere Landwirtschaft möglich zu machen. Im Zuge dessen verschwanden auch viele der Randstrukturen

– Hecken, Waldsäume, Ackerraine, Weideränder –, die besonderen Artenreichtum beherbergen. Hecken beispielsweise sind wichtige Habitate für Vögel, Pflanzen, Insekten. Tierarten wie Igel und Spitzmaus finden hier Rückzugsraum. Die vorher durchmischte Landschaftsformation, in der die verschiedenen Elemente ineinander übergingen, wich zunehmend dem »möglichst kahlen, glatt geschorenen, regelmäßig gevierteilten Landkartenschema«, das wir heute kennen. Diese Worte stammen von Ernst Rudorff, einem der ersten Naturschützer in Deutschland. Eindrücklich beschreibt er 1880 die Auswirkungen der Flurneuordnung. »Jede vorspringende Waldspitze wird dem Gedanken der bequemen gerade Linie zu Liebe rasirt (sic), jede Wiese, die sich in das Gehölz hineinzieht, vollgepflanzt, auch im Inneren der Forste keine Lichtung, keine Waldwiese, auf der das Wild heraustreten könnte, mehr geduldet. Die Bäche, die die Unart haben, in gewundenem Lauf sich dahinzuschlängeln, müssen sich bequemen, in Gräben geradeaus zu fließen. Bei der rechtwinkligen Eintheilung (sic) der Grundstücke fallen dann auch alle Hecken und einzelnen Bäume oder Büsche, die ehedem auf den Feldmarken standen, der Axt zum Opfer.«[38] Als für wertvolle Ökosysteme verheerend stellten sich auch die »Ödlandgesetze« von 1923 heraus, die ein ähnliches Ziel verfolgten und der leichteren Erschließung bislang nicht genutzter Flächen für die Land- und Forstwirtschaft dienen sollten. Dazu gehörten Moore, Heiden, Sümpfe, ungepflegte Weiden, Schilf- und Streuwiesen, urwaldähnliche Bestände, Geröllhalden usw. Ein Instrument zur Durchsetzung dieser Maßnahmen war die Enteignung.

Da die Durchökonomisierung der Flächen bis nach dem Zweiten Weltkrieg nicht genügend Fahrt aufgenommen hatte, wurde 1953 das erste Flurbereinigungsgesetz verabschiedet. Nun wurden Wiesen, Äcker, Wälder ganz einer rationellen Nutzung unterworfen. Zwischen 1960 und 1980 führte diese Politik zu einem drastischen Rückgang an Habitaten, an Lebensraum- und Artenvielfalt. Weitere Tümpel, Teiche, Hecken verschwanden, stattdessen entstanden streng angeordnete Monokulturen, durchzogen von Entwässerungskanälen, Beton- und Asphaltwegen. Doch kam es auch zu Gegenreaktionen. Die Entwicklung wurde von einigen Zeitgenossen kritisch wahrgenommen und führte zu den ersten Naturschutzbewegungen, der Gründung von Naturschutzorganisationen und den ersten staatlichen Schutzmaßnahmen.

Vom Holozän zum Anthropozän

Seit den 1950er Jahren verstärkt sich der Druck auf die gesamte Biosphäre noch einmal enorm. Der Mensch hat sich zu einer neuen »Naturkraft« entwickelt, mit so einschneidenden Folgen, dass der Nobelpreisträger und Meteorologe Paul Crutzen im Jahr 2000 das »Zeitalter des Menschen« – das Anthropozän – ausrief und damit das bis dahin geltende Zeitalter des Holozän für beendet erklärte[39]. Dazu bewogen ihn vor allem die Kohlendioxidemissionen aus fossiler Verbrennung mit weltweit tiefgreifenden Folgen wie Ozonloch und Klimawandel.

Obwohl Klimawandel, sterbende und zerstörte Ökosysteme, Verschmutzung der Luft und der Meere, radioaktive Strahlung, Plastikmüll, massive Veränderung von Wäldern, Flüssen und anderen Landschaftstypen, Verbreitung von Pflanzen- und Tierarten weltweit als Beweis für die tatsächlich stattfindende Umweltveränderung durch den Menschen genügen, stritten Fachleute über die Fragen, ob es sich tatsächlich um eine neue geologische Epoche handelte und wann das Menschenzeitalter seinen Anfang nahm. Welches Ereignis kann als Kipppunkt gelten? Schon die Beherrschung des Feuers? Oder der Beginn der Landwirtschaft? Oder – aus geologischer Perspektive – die 1960er Jahre, da seit dieser Zeit der radioaktive Fallout von Atomwaffentests im Boden zu erkennen ist? Crutzen selbst schlägt das späte 18. Jahrhundert vor, da sich der menschliche Einfluss insbesondere in den letzten zwei Jahrhunderten abgezeichnet habe. Der Zeitpunkt fällt nicht nur mit der Erfindung der Dampfmaschine zusammen, seitdem ist auch die Zunahme von Treibhausgasen (Kohlendioxid und Methan) in der Atmosphäre nachweisbar[40]. Andere Wissenschaftler:innen plädieren dafür, den Beginn in den 1950er Jahren zu verorten, da in dieser Zeit die Intensivierung der Landwirtschaft und der Landnutzungswandel zuungunsten der Natur so richtig Fahrt aufgenommen habe. Das unterstreicht auch die 2004 erschienene Publikation des Internationalen Geosphären-Biosphären-Programms (IGBP) mit dem Titel »Global Change and the Earth System: A Planet under Pressure«. Darin untersucht eine Gruppe von Wissenschaftlerinnen und Wissenschaftlern detailliert die globalen Auswirkungen menschlicher Aktivität in verschiedenen Bereichen. Die Erkenntnisse sind eindeutig. Was die fundamentalen Kreisläufe der Natur angehe, so laufe das Erdsystem aufgrund menschlichen Einwirkens mittlerweile weit außerhalb der normalen Bahnen[41]. Im Klartext:

»In den letzten 50 Jahren hat sich zweifellos die rapideste Veränderung der menschlichen Beziehung zur Natur in der Geschichte der Menschheit vollzogen (...) Die Größenordnung, das räumliche Ausmaß und die Geschwindigkeit der vom Menschen verursachten Veränderungen sind in der Menschheitsgeschichte und vielleicht sogar in der Erdgeschichte beispiellos: Das Erdsystem befindet sich mittlerweile in einem ›nicht analogen Zustand‹.«[42]

Keine Frage: Unser »Zoo« befindet sich an einem Kipppunkt. Die globale Biodiversitätskrise ist so gravierend, dass sie mittlerweile zu den größten Herausforderungen der Menschheit zählt. Das Artensterben hat ein Ausmaß erreicht, das nicht nur den gesunden Artenbestand an Pflanzen und Tieren massiv gefährdet, sondern auch die Lebensgrundlage der Menschheit in ihrem aktuellen Fortbestehen infrage stellt. Schon die Zahlen allein klingen apokalyptisch: In den letzten 50 Jahren verschwand auf der gesamten Erde die Hälfte der Wildtiere. Für diesen Tierexodus gibt es den Begriff »Defaunation«. Dabei geht es etwa um Tiger, Geparde, Löwen, Jaguare, Gorillas, Pandas, Nashörner, Nilpferde, Giraffen, Elefanten und viele andere tropische Tiere. Das Sterben betrifft auch die Wasserlebewesen: Drei Viertel der natürlichen Land- und Süßwasserökosysteme und etwa zwei Drittel der Meeresökosysteme sind inzwischen erheblich beeinträchtigt oder zerstört. Doch auch in unseren Breitengraden schwindet die Wildtierpopulation. In Deutschland ist besonders die Situation von Vögeln und Insekten kritisch. 40 Prozent der heimischen Insektenarten sind mittlerweile gefährdet oder ausgestorben[43]. Ebenso ist in den letzten zwölf Jahren ein Drittel der Vogelarten verschwunden. Derzeit ist damit zu rechnen, dass weltweit rund eine Million Tier- und Pflanzenarten innerhalb der nächsten Jahrzehnte aussterben werden, mehr als je zuvor in der Geschichte der Menschheit[44].

Auch die Zahlen zur globalen Landnutzung sind alarmierend. Im Jahr 2000 waren 75 Prozent der terrestrischen Biosphäre, das sind die Lebensbereiche auf dem Land, in irgendeiner Form vom Menschen bevölkert oder bewirtschaftet. Drei Viertel der Erdoberfläche wurden somit durch menschliche Landnutzung massiv verändert, mit allen erdenklichen Folgen wie Treibhausgasemissionen, Umweltverschmutzung, Bodenerosion, Verlust von Habitaten, Artensterben oder Einführung invasiver Arten[45]. Für Deutschland erklärt das Bundesministerium für Umwelt, Naturschutz und nukleare Sicherheit, nur 30 Prozent der Lebensraumtypen seien in einem günstigen Zustand. Greifen wir uns einzelne Regionen heraus wie beispielsweise Nordwestdeutschland, dann liegt die Zahl bei lediglich 19 Prozent. Mehr als ein Drittel der Lebensraumtypen in Deutschland ist in explizit schlechtem Zustand[46].

Die Gründe für diese Entwicklung sind zahlreich und komplex. Dennoch ist es wichtig, zwei Aspekte herauszugreifen, da sie im Hinblick auf Lösungswege eine große Rolle spielen. Auf Platz eins der Liste der Gründe für das Artensterben steht die intensivierte Landnutzung, das heißt vor allem die zunehmende Umwandlung von Wald- und Grasland in Agrarfläche. Es sind nämlich nicht nur die intensiven industriellen Anbaumethoden der Landwirtschaft, die künstlichen Düngemittel, Pestizide und Herbizide, die den Lebensraum vieler Tier- und Pflanzenarten massiv zerstören. Es ist die Expansion der genutzten Fläche an sich, die Flora und Fauna weltweit verdrängt. Damit schreitet die Homogenisierung der Landschaft weiter voran, artenreiche Grünlandflächen machen Platz für Monokulturen. Außerdem hat sich seit den 1950er Jahren in Deutschland die Fläche für Siedlungen und Verkehr mehr als verdoppelt[47]. Die Versiegelung und Zerschneidung der Landschaft durch Verkehr, Siedlungsbau und Gewerbe, also Straßen, Zäune, Stromleitungen, Pipelines, Wohngebiete etc. fragmentieren die Landschaft dermaßen, dass die Habitate für viele Tierarten nicht mehr ausreichen – insbesondere für wandernde Herdentiere. Existierende Schutzgebiete sind oftmals zu klein. Aus einer Landschaft mit kontinuierlich ineinander übergehenden Lebensräumen wurde auf diese Weise eine Landschaft mit scharfen Grenzen, Habitatinseln in einer zunehmend lebensfeindlichen Umgebung[48].

Der zweite Aspekt und ebenfalls großer Treiber für die Ausweitung menschlicher Aktivität ist das Bevölkerungswachstum. Allein in den letzten 200 Jahren ist die Bevölkerung von ca. einer auf knapp acht Milliarden Menschen angewachsen. Damit erhöhte sich auch die wirtschaftliche Aktivität zwischen 1950 und 2000 um das Zehnfache[49]. Um das Ungleichgewicht zu den »restlichen« Erdbewohnern anschaulicher zu machen: Die gesamte Biomasse an Säugetieren auf der Erde besteht heute zu 90 Prozent aus Menschen und domestizierten Tieren[50]. Damit ist die sogenannte Tragfähigkeit der Erde schon seit den 1960er Jahren ein Thema. Um es klar zu sagen: Nicht der Mensch an sich ist das Problem. Der entscheidende Punkt ist der Ressourcenverbrauch. Und hier gibt es weltweit erhebliche Unterschiede. Ein Chinese verursacht die Hälfte der durchschnittlichen Kohlendioxidemissionen eines US-Amerikaners, ein Inder ein Zehntel. In einigen afrikanischen Ländern produzieren 100 Menschen weniger Emissionen als ein US-Amerikaner[51]. Es sind vor allem die Reichen in den wohlhabenden Gesellschaften, die durch ihren Lebensstil, Expansionismus und ein ständig befeuertes Wirtschaftswachstum die Natur regelrecht plündern. Dabei haben westliche Gesellschaften einen Freiheitsbegriff entwickelt, der immer mehr die Befriedigung von Bedürfnissen und zunehmenden Komfort meint. Dazu gehört Mobilität, billige, allzeit erhältliche Nahrungsmittel, Infrastruktur für den Transport von Rohstoffen und Konsumgütern, sich ausbreitender Siedlungsbau, schnelle Kommunikationsmittel etc. Dieser Expansionismus, die wachsende Annehmlichkeit des westlichen Lebensstils, funktioniert jedoch nur, indem die Freiheiten zahlloser nichtmenschlicher Lebewesen beseitigt oder eingeschränkt werden. Nahrungsmittelproduktion und der globale Handel fügen der Artenvielfalt den größten Schaden zu[52]. Dazu kommt die Rohstoffplünderung durch das massive Abholzen der Wälder zur Holzgewinnung und zugunsten großer Plantagen oder Weideflächen, der Bergbau, der Fischfang, um nur einige Ursachen zu nennen. Der menschliche Eingriff in die Natur hat sich über die Jahrtausende zu einer destruktiven Kraft entwickelt, die sämtliches Leben auf dem Planeten Erde bedroht.

Rewilding – Natur braucht Platz

Wie kann es nun aber sein, dass wir dieses widersprüchliche Verhältnis zwischen unserem Wohlbefinden und dem der Tier- und Pflanzenwelt akzeptieren? Wieso nehmen wir den Kollaps ganzer Ökosysteme in Kauf? Wie könnte ein Ausweg aussehen? Umweltaktivisten wie George Monbiot und viele Wissenschaftler:innen warnen schon seit Langem: Weiteres Wachstum ist nur auf Kosten der Natur möglich. Die Ausdehnung des modernen Lebensstils ist eng verbunden mit einer weiter wachsenden Verfügbarkeit an Rohstoffen, deren Gewinnung – findet sie weiterhin in der jetzigen Art und Weise statt – die Natur zerstört. Milliarden von Konsument:innen verwandeln die Erde in eine Ressourcenbasis, die in erster Linie der menschlichen Bedürfnisbefriedigung dient. Wie wird eine solche Welt aussehen, die weiterhin die Bedürfnisse nichtmenschlicher Lebewesen konsequent ignoriert?

Wenn wir Natur schützen und bewahren wollen, ja sogar wiederherstellen wollen, dann müssen wir ihr Platz geben. Die Frage nach der Landnutzung ist insbesondere in einem dicht besiedelten Land wie Deutschland der entscheidende Punkt, an dem die Natur mit individueller Freiheit, Konsum und Expansion kapitalistischer Gesellschaften kollidiert. Wahrscheinlich ist dies ein Grund, warum wir den Kollaps der Ökosysteme und das Massenaussterben weitgehend verdrängen. Mit den Worten »I want you to panic« machte die Umweltaktivistin Greta Thunberg 2019 auf dem Weltwirtschaftsforum in Davos auf die Dringlichkeit sofortigen Handelns in Bezug auf den drohenden Klimawandel aufmerksam. »Panik« ist auch hinsichtlich des Artensterbens angesagt. Wenn wir nicht sofort handeln, verlieren wir nicht nur mehrere Millionen Tiere in den kommenden Wochen, Monaten, Jahren. Wir verlieren nicht nur sogenannte Ökosystemdienstleistungen, auf die wir für unser Überleben angewiesen sind, wie Bestäubung, sauberes Wasser, saubere Luft. Wir nehmen damit auch in Kauf, in einer öden, armen, jeglicher Faszination beraubten Umgebung zu leben, in einer verstummten, entzauberten Natur oder vielmehr in verbliebenen Versatzstücken. Wir verzichten darauf, Teil eines Netzwerks von Beziehungen in einer Welt zu sein, die auf Beziehungen basiert.

Die massiven Eingriffe in natürliche Lebensräume sorgen immer mehr für sogenannte Naturkatastrophen. Doch statt an den Ursachen anzusetzen, versuchen wir, diese irgendwie zu »managen«. Auch in Deutschland erleben wir die Konsequenzen expansiver Bauaktivität wie zuletzt bei der Hochwasserflut 2021 in Nordrhein-Westfalen und Rheinland-Pfalz. »Auf der ganzen Welt leben immer mehr Menschen in Gebieten, die eigentlich ungeeignet sind«, sagte Bauingenieur Daniel Bachmann danach in der Süddeutschen Zeitung[53]. Gerade bei Hochwasserfluten ist der Zusammenhang zwischen Katastrophe und menschlichem Handeln nicht nur Expert:innen glasklar: Die versiegelten Böden, die abgeschafften Auen und Überflutungsflächen von Flüssen sind schuld daran, dass die Wassermassen nicht abfließen. Nicht nur, dass Menschen immer mehr Raum besiedeln und Platz in Anspruch nehmen. Sie versuchen weiterhin unablässig, »ungeeignete« Räume doch in irgendeiner Weise bewohnbar zu machen, und dringen damit in Zonen vor, in denen sie nichts zu suchen haben. Mit einem hohen Preis – für Mensch und Natur. Statt den Naturräumen eine Relevanz zuzuschreiben, wird es wohl auch nach der Flutkatastrophe in erster Linie darum gehen, an Rhein und Ahr wieder aufzubauen, was zerstört worden ist. Nur mit höheren Dämmen. Bis das Wasser wiederkommt.

Der Flächenverbrauch steigt derweil munter weiter. Nach wie vor werden in Deutschland täglich ca. 58 Hektar als neues Bauland ausgewiesen – das ist eine Größenordnung von 82 Fußballfeldern[54]. Artenreicher Lebensraum wird auf diese Weise im wahrsten Sinne des Wortes begraben. Denn auch im Boden lebende Mikroben, Tausendfüßer, Insektenlarven, Asseln, Springschwänze, Milben, Regenwürmer sind mittlerweile bedroht[55]. Durch das Versiegeln gehen nicht nur lebenswichtige Bodenorganismen verloren, auch die Qualität des Bodens wird damit für immer beeinträchtigt. Pflanzen, Tiere, Biotope verschwinden schleichend, stellt auch Beate Jessel, ehemalige Präsidentin des Bundesamtes für Naturschutz, fest. Im klassischen Naturschutz würde sich zu sehr um den Erhalt einzelner Arten gekümmert. »Wir müssen stärker in landschaftlichen Zusammenhängen denken«, fordert die Umweltexpertin stattdessen[56]. Denn nicht nur die einzelnen Arten sind in Gefahr. Es geht um gesamte Lebensräume, die verschwinden – und mit ihnen ihre Bewohner. In diesem Sinne ist die Antwort auf das Massensterben relativ einfach: Wir müssen natürliche Lebensräume erhalten und wiederherstellen.

Kehren wir zurück zum Anfang: Was ist Natur? Was sind natürliche Lebensräume? Was ist Wildnis? Wohin kann es »zurück« gehen? Es geht nicht darum, zu einer wie auch immer gearteten vergangenen Landschaftsform, einer bestimmten ökologischen Ausgangslage zurückzukehren. Auch der Mensch kann und soll nicht »entfernt« werden. Erinnern wir uns daran, dass die Fülle der Normalzustand der Natur ist. Die Natur ist in der Lage, einen unglaublichen Artenreichtum zu schaffen. Geben wir ihr dazu wieder die Möglichkeit! Indem wir dazu beitragen, dass hochdynamische, komplexe Systeme entstehen, die von großen Pflanzen- und Fleischfressern besiedelt sind und sich selbst regulieren. Wildnis ist kein Status, der für immer verloren und nicht wiederherzustellen wäre. Das Wilde bleibt dem Land eingeschrieben, genauso wie die Sehnsucht nach der Wildnis auch in uns Menschen schlummert – und darauf wartet, wieder erweckt zu werden. Natürliche, funktionierende Ökosysteme entstehen da, wo der Mensch nicht schädlich in ökologische Prozesse eingreift. Wenn wir unser Bedürfnis erkennen, wieder ein Teil der Natur zu werden, zusammenzuwachsen und eine Symbiose zu bilden, wird dies heilsam sein sowohl für das Land wie auch für den Menschen.

2
Wilde Landschaften

Vom Naturschutz zum Rewilding

Versetzen wir uns zurück in die 1990er Jahre. Eine Zeit, in der das Ausmaß der ökologischen Probleme nicht nur in der Wissenschaft, sondern auch in der Öffentlichkeit immer stärker wahrgenommen wurde. Fachleute beobachteten besorgt den Rückgang etlicher Tier- und Pflanzenarten, sowohl an Arten als auch in der Anzahl. So fanden Biolog:innen in den USA aufgrund von Datenanalysen heraus, dass das aktuelle Artensterben 1000–10 000-mal höher war als das »normale« Hintergrundaussterben. Damit war das sechste und eindeutig menschlich verursachte Massenaussterben der Erdgeschichte eingetreten – eine Nachricht, die einen Schock in der Wissenschaftswelt auslöste. Auch die Vorhersagen für viele Tierarten waren niederschmetternd. Ein Fünftel der lebenden Spezies könnte innerhalb von 30 Jahren aussterben, so die Befürchtungen der Wissenschaftler:innen. Das Ausmaß der Krise fassten die Biologen Michael Soulé und Bruce Wilcox in folgende Worte: »Sterben ist das eine. Aber gar nicht erst geboren werden, ist eine andere Sache.«[57]

Angesichts dieser katastrophalen Aussicht nahm die Diskussion über einen Umgang mit der Situation und den notwendigen Maßnahmen Fahrt auf. Die meisten Naturschutzorganisationen und -maßnahmen hatten sich bislang vorwiegend auf den Arten- und Biotopschutz konzentriert. Sie orientierten sich dabei an den sogenannten »Roten Listen«, die in den 1970er Jahren entstanden waren, um den Rückgang besonders gefährdeter Pflanzen- und Tierarten sowie Biotoptypen zu dokumentieren, später wurden dann auch die vom Aussterben bedrohten Arten rechtlich geschützt. Es ging darum, Lebensräume zu erhalten oder künstlich herzustellen, in denen gefährdete Arten Schutz finden und sich ihre Populationen erholen können. Neue Gesetze wurden erlassen, die das Rückgrat des Schutzes der Biodiversität bilden und bis heute viele Ökosysteme vor der Zerstörung bewahrt haben. Doch das Fazit war ernüchternd:

Trotz dieser notwendigen Naturschutzmaßnahmen, der neuen Umweltschutzbehörden und Gesetze sank die Zahl der Arten weiterhin rasant.

In dieser Zeit betrat eine Gruppe von Protagonisten mit einem neuen, erweiterten Ansatz die Wissenschaftsbühne in den USA. Es handelte sich um Anhänger der »conservation biology« – der Naturschutzbiologie –, die als Reaktion auf die Artenkrise entstanden war. Sie erklärten ihre Wissenschaft zur Krisendisziplin, da sie die Wirkung des Menschen auf das Artensterben erforschen und Lösungsansätze entwickeln wollten. Zu den Mitgliedern gehörten Umweltaktivisten wie David Foreman, Mitgründer der Organisation »Earth First!«, die von den bisherigen politischen Bemühungen enttäuscht waren und glaubten, dass radikalere Aktionen nötig wären, um die Umweltkrise zu stoppen. Ebenso waren Wissenschaftler wie der bereits erwähnte Biologe Michael Soulé und sein Kollege Reed Noss unter den Pionieren der neuen Bewegung. Sie gründeten 1991 das Magazin »Wild Earth« als Plattform, um sich über ökologische Visionen für Nordamerika auszutauschen und dabei eine Brücke zwischen Theorie und Praxis zu schlagen[58]. Sie alle waren der Überzeugung, dass jede Art die gleichen Rechte habe und dass der Planet nicht allein als Ressource für den Menschen zur Verfügung stehen sollte.

Sowohl der »eco-warrior« Foreman als auch Soulé und Noss sahen die »Feuerwehrpolitik« des klassischen Naturschutzes als nicht ausreichend an, um das Artensterben zu stoppen. Es ging ihnen folglich nicht allein darum, einzelne Arten und Ökosysteme zu retten und Umweltverschmutzung zu stoppen. Sie kritisierten, dass sich die traditionellen Disziplinen oft nicht mit bedrohten Arten von geringem wirtschaftlichem oder ästhetischem Wert beschäftigten. Sie erkannten, dass die verbliebenen Wildnisgebiete, Reservate und Nationalparks als Inselökosysteme in der Zukunft nicht überlebensfähig waren. Dass viele Tierarten größere Territorien benötigten, um fortbestehen zu können. Für ihre Rettung brauchte es einen umfassenderen, interdisziplinären Ansatz. Sie wollten großflächige, miteinander verbundene Wildnisgebiete inklusive ihrer ökologischen Prozesse als Ganzes wiederherstellen. Etwas umständlich nannten sie ihren Ansatz erst »Northern American Wilderness recovery«. Der sehr viel prägnantere Begriff »Rewilding» stammte schließlich von David Foreman. »Es ist an der Zeit, Nordamerika wieder zu verwildern. Es ist an der Zeit, den gesamten Stoff des Lebens auf unserem Kontinent neu zu weben«[59], proklamierte Foreman in einem seiner frühen Artikel. Er und seine Mitstreiter:innen betrachteten Natur als ein ganzheitliches Konzept – als ein Ökosystem, das aus komplexen Beziehungen bestand und dessen Zusammenhänge in der Wissenschaft bislang wenig erforscht waren. Dabei sollten bestimmte Tierarten eine große Rolle spielen. Jedoch gehörten dazu weniger die bedrohten Tiere, die auf den Roten Listen standen, sondern jene, die in den meisten Ökosystemen bereits gar nicht mehr vorhanden waren.

Yellowstone, der Wolf und die trophischen Kaskaden

Der spektakuläre Yellowstone Nationalpark in den USA mit seinen Geysiren, Canyons und üppigen Wäldern ist nicht nur der älteste Nationalpark weltweit, sondern spielt auch für die Entstehungsgeschichte des Rewilding eine immense Rolle. Grund dafür ist die Wiedereinführung der Wölfe in den 1990er Jahren. Diese waren im 19. Jahrhundert großflächig aus der nordamerikanischen Landschaft ausgelöscht worden. Doch bemerkten Ökolog:innen die Folgen ihres Fehlens recht bald. So nahm die Population an Wapiti-Hirschen stark zu, die in Folge die Weiden und Pappeln an den Flussufern kahl fraßen. Auch die Kojoten hatten überhandgenommen, was dazu führte, dass deren Beutetiere – wie Kaninchen und Mäuse – zu stark dezimiert wurden. Schon 1940 forderte Aldo Leopold, eine bekannte Persönlichkeit im US-Umweltschutz, die Wiedereinführung der Wölfe im Park. Doch es sollte noch 50 Jahre dauern, bis schließlich 1995/96 die ersten 41 Wölfe in Yellowstone freigelassen wurden. 2005 war die Population bereits auf 300 Tiere angewachsen, und die ökologischen Veränderungen waren nur zu offensichtlich. Die Zahl an Hirschen war gesunken[60], auch ihr Bewegungsmuster hatte sich verändert. Aus Angst vor Angriffen vermieden sie bestimmte Plätze wie dichtes Gebüsch und offene Lichtungen und hielten sich generell nicht lange an einem Ort auf. Die Wölfe schufen allein durch ihre Anwesenheit eine »landscape of fear«, eine gewisse Grundangst bei ihren Beutetieren, die einen positiven Effekt auf die Vegetation ausübte. Junge Weiden und Pappeln wurden weniger intensiv beäst, so dass sich die Bäume erholten. Die kargen Täler verwandelten sich in Wälder, womit auch die Zahl der Singvögel stieg. Die Bäume, die nun wieder am Flussufer wuchsen, beschatteten den Flusslauf, kühlten das Wasser und boten Fischen und anderen Tieren Schutz, so dass sich dort die Wasserlebewesen vermehrten. Auch kehrte der Biber zurück und schuf durch seine Aktivitäten Nischen für Otter, Bisamratten, Fische, Frösche und Reptilien. Die Wölfe dezimierten außerdem die Bestände der Kojoten, wodurch kleinere Säugetierarten an Zahl zunahmen. Diese dienten wiederum als Beute für Falken, Wiesel, Füchse und Dachse. Aasfresser wie Weißkopfseeadler und Raben kehrten in den Park zurück und verwerteten die vom Wolf gerissenen Hirsche. Sogar Bären konnten sich vermehren, da sie vom wachsenden Nahrungsangebot profitierten[61].

Die Einführung des Wolfs löste förmlich eine Lawine aus und übertraf damit jegliche Erwartungen der Biolog:innen. Der Wolf war offenbar in der Lage, das gesamte Gefüge des Ökosystems positiv zu beeinflussen. Ein derartiger Effekt eines Tiers an der Spitze der Nahrungskette nicht nur auf seine direkten Beutetiere, sondern auch auf andere Arten, mit denen es nicht direkt in Kontakt steht, wird in der Biologie als trophische Kaskade bezeichnet. Mit der durch ihn ausgelösten Kettenreaktion flickte der Wolf Verknüpfungen im Lebensnetz des Ökosystems, die zerrissen waren, und erhöhte die Wechselbeziehungen der Arten untereinander. Er stellte die Komplexität ökologischer Prozesse wieder her, die ohne ihn verloren gegangen waren.

Die Entdeckung der trophischen Kaskaden untermauerte die Theorien von Foreman, Noss und Soulé und veränderte das

Verständnis vom Funktionieren der Ökosysteme fundamental. Zugleich wurde deutlich, dass sich Rewilding von den bisherigen Naturschutzmaßnahmen unterschied und diese effektiv ergänzen konnte. Denn es ging nicht mehr allein darum, einzelne, verbliebene Naturelemente – seien es Tierarten oder Lebensräume wie beispielsweise Moore oder Magerrasen – zu schützen, sondern Ökosysteme in ihrer Gesamtheit in den Mittelpunkt zu stellen. Der Schlüssel, um Artenvielfalt und Ökosysteme zu retten, lag für die Rewilding-Biologen auch darin, die Komplexität natürlicher Prozesse wiederherzustellen. Foreman brachte seine zentralen Ideen mit den Schlagworten »Wilderness, Wildways und Wildeors« (Wildnis, Verbindungswege und Wildtiere) auf den Punkt[62]. Das bedeutete, große Wildnisgebiete zu erhalten, die Verbindung zwischen ihnen herzustellen und fehlende Arten wieder einzuführen, womit er in erster Linie ausgestorbene Beutegreifer meinte. In einem wegweisenden Artikel erklärten auch Soulé und Noss 1998 ihre Rewilding-Theorie und sprachen darin in ähnlicher Weise von den drei »Cs« – Cores, Corridors und Carnivores (Kernzonen, Korridore und Fleischfresser)[63]. Ihnen zufolge waren großflächige, wilde, strikt geschützte Kernzonen nötig, in denen sich die Natur eigenständig und ohne Einfluss des Menschen entwickeln konnte. Ökosysteme sollten in den Zustand gebracht werden, sich selbst erhalten zu können. Die Größe des Gebiets ist dabei entscheidend für die Artenvielfalt und Komplexität an Prozessen – je größer die Fläche, umso mehr Arten können sich ansiedeln und umso stabiler und resilienter ist das System. Dennoch sind selbst große Gebiete nicht für alle Tierarten ausreichend.

Wölfe und Bären, die über weite Strecken wandern und deren genetische Vielfalt erhalten werden muss, brauchen Verbindungswege zwischen den Kerngebieten – sogenannte Korridore. Letzter und fast wichtigster Punkt aus ihrer Sicht ist das dritte C: das Wiedereinführen der Fleischfresser. Besonders durch ihre indirekten Auswirkungen auf die Vegetation haben Beutegreifer gravierende Bedeutung. Umso ausgeprägter die »Landschaft der Angst«, desto geringer fällt der Beweidungsdruck auf Bäume, Sträucher und Gräser aus, und umso größer ist die Pflanzenvielfalt. Diese Erkenntnis warf auch die bis dahin vorherrschende Theorie über den Haufen, dass Ökosysteme »bottom up« – also von unten durch das pflanzliche Nahrungsangebot – gesteuert würden. Stattdessen ist eher von einer »top-down«-Dynamik auszugehen. Die Vegetation wäre dementsprechend vor allem das Ergebnis der vorhandenen Beutegreifer und nicht umgekehrt.

Nun fehlt es in den meisten Ökosystemen nicht nur an Beutegreifern. Wie im vorhergehenden Kapitel beschrieben, ist die Zahl der in den letzten Jahrtausenden ausgerotteten Tierarten überall auf der Welt phänomenal hoch. Die Frage, die sich die Rewilding-Pioniere stellten, lautete: Wie kann ein Ökosystem ohne diese Tiere auskommen? Muss es nicht darum gehen, so weit wie möglich fehlende Tierarten wieder einzuführen? Mit diesem absolut neuartigen Gedanken riefen sie eine kontroverse Debatte hervor. Denn es ging dabei vor allem um Arten, die zuvor noch gar nicht auf dem Radar von Biolog:innen gewesen waren. Die ökologische »baseline« reichte in der Wissenschaft üblicherweise nicht weiter als ein paar Jahrhunderte zurück. Das bedeutet, dass als Richtschnur der Artenvielfalt beispielsweise in Europa die Zeit kurz vor der Industrialisierung zählt und sich die Aufmerksamkeit damit auf die Tierarten konzentriert, die zu dieser Zeit noch vorhanden waren. In den USA wird üblicherweise höchstens bis in die Zeit der »Entdeckung« des Kontinents Ende des 15. Jahrhunderts zurückgeblickt. Jene Tiere allerdings, die schon damals ausgestorben waren, wurden überhaupt nicht berücksichtigt. Aber waren nicht auch sie entscheidend für das Funktionieren des Ökosystems?

Schlüsselarten oder was die Welt zusammenhält

Robert Paine, US-amerikanischer Ökologe und Professor für Zoologie, warf in den 1960er Jahren mit seiner Forschung grundlegende Fragen auf, die bisherige Gewissheiten der Biologie erschütterten. Um die »bottom-up«-Theorie zu widerlegen, nach der die Vegetation die Grundlage der Natur sei, suchte sich Paine ein geschlossenes System, aus dem er die Beutegreifer entfernte. An der amerikanischen Pazifikküste fand er eine Bucht, in deren Gezeitenbecken ein reiches Ökosystem aus Algen, Muschel- und Schneckenarten bestand. Er entfernte daraus den einzigen »Beutegreifer« – den Seestern, der sich von Seepocken, Muscheln und anderen Tieren ernährte. Das Ergebnis war erstaunlich: Die Lebensgemeinschaft des Wasserbeckens veränderte sich komplett. Die Muschelbänke dehnten sich aus, andere Arten verschwanden. Nach Jahren waren von ursprünglich 15 Arten nur noch acht übrig. Die Bedeutung dieses Experiments war immens, zeigte es doch, dass ohne den Seestern das Ökosystem zusammenbrach. Der Beutegreifer hatte für Artenvielfalt gesorgt, indem er die Populationen seiner Beutetiere in Balance gehalten hatte. In diesem Fall bestimmte nicht die Vegetation von Algen und Seegräsern das Vorkommen der Tiere, sondern es war andersherum eine »top-down«-Dynamik. Paine entfernte auch andere Arten aus dem Becken, doch da geschah nichts.

Zeitgleich unternahmen andere Biolog:innen ähnliche Experimente in anderen Ökosystemen. Demnach spielt der Seeotter die entscheidende Rolle für den Artenreichtum pazifischer Seetangwälder. Ohne den Seeotter, der sich unter anderem von Seeigeln ernährt, nehmen die Seeigel überhand und fressen die Unterwasservegetation kahl. Der Seetang ist jedoch für die Fische wichtig, deren Populationen ohne die Algen zusammenbrechen. Die verlorenen Fischbestände wirken sich negativ auf Lachse und Seevögel aus und beeinflussen schließlich sogar die Bärenpopulation. In einem Flussökosystem kann beispielsweise der Barsch die wichtige Funktion übernehmen, seine Umgebung im Gleichgewicht zu halten. In einem Fluss ohne den Barsch – so zeigten Experimente der Gewässerbiologin Mary Power – nahmen die Ellritzen überhand und fraßen die Flussvegetation kahl. Ohne den Barsch, der die Ellritzen dezimierte, degenerierte der Fluss zu einem trüben, artenarmen Gewässer. Im Guri-See in Venezuela waren durch einen Staudamm zahlreiche kleine Inseln entstanden, auf denen zwar Pflanzenfresser vorkamen, jedoch keine Beutegreifer. Das wirkte sich äußerst negativ auf die Inselvegetation aus, denn die Bäume wurden komplett überweidet. Was fehlte, war die Regulation der Pflanzenfresser durch die Beutegreifer.

In jedem der untersuchten Ökosysteme galt ein vergleichbares Prinzip: Es gab bestimmte Tierarten, die für die Balance und die Artenvielfalt eine wichtigere Rolle einnahmen als andere. Robert Paine nannte sie »key stone species«, Schlüsselarten, eine Anspielung auf die Schlusssteine am höchsten Punkt eines Rundbogens (»key stones«), die die gesamte Konstruktion zusammenhalten. Worauf er und seine Kolleg:innen mit ihrer Entdeckung hinwiesen, war tiefgreifend. Verlieren wir Schlüsselarten, zerreißt damit auch das Netzwerk der Ökosysteme, und wir erleben eine Degradierung, die wir als Menschen nicht mehr bewältigen können. So nehmen beispielsweise im westlichen Afrika die Paviane selbst in Städten überhand, da es kaum noch Leoparden und Löwen als ihre natürlichen Feinde gibt. In den USA und auch in Europa kann in manchen Regionen das Rotwild zur Plage werden und ganze Wälder gefährden (auch in Nationalparks), weil die Wölfe fehlen. Erst 70 Jahre nach dem Verschwinden des Wolfs aus dem Yellowstone Park ist es Wissenschaftlerinnen und Wissenschaftlern gelungen, die ökologischen Folgen auf diese Tatsache zurückzuführen. Und mehr noch: Sie sind dem Geheimnis, wie die Natur funktioniert, ein Stück nähergekommen, weil sie begriffen, wie wichtig es ist, jene verborgenen Verbindungen zu entschlüsseln, die jedes Ökosystem zusammenhalten. Dem wissenschaftlichen Auge war bis dahin die wahre Natur des Aussterbens entgangen: und zwar das Aussterben ökologischer Interaktionen. Die vorherigen Annahmen, die auf einer Pyramidenstruktur basierten, in der ökologischer Reichtum allein »bottom up« von der Vegetation bestimmt wurde, war dadurch nicht mehr uneingeschränkt gültig. Prozesse waren vielmehr auch durch trophische Kaskaden bestimmt, die von »oben nach unten« verlaufen konnten, wie im Beispiel des Yellowstone Parks. Wie sich zeigen sollte, konnten sie – da Schlüsselarten nicht nur Beutegreifer umfassen – auch in verschiedene andere Richtungen gehen. Statt einer Pyramide bot sich als Modell eher ein Schaubild mit vielen Pfeilen zwischen den Ökosystembewohnern an. Es waren also nicht nur trophische Kaskaden, auf die es ankam, sondern trophische Interaktionen[64].

Oostvaardersplassen und die Planzenfresser

In Europa übernahm ausgerechnet das bevölkerungsdichteste Ballungsgebiet, die Niederlande, eine Pionierrolle im Rewilding. Am südlichen Ijsselmeer konnte ein Gebiet nicht vollständig trockengelegt werden, das ursprünglich für Schwerindustrie genutzt werden sollte. 1972 entschied man sich dazu, das Gebiet Oostvaardersplassen sich selbst zu überlassen – der Beginn eines Experiments, das nicht nur Beutegreifern, sondern auch den Pflanzenfressern eine Schlüsselrolle zukommen lassen sollte. Die Natur eroberte das künstlich angelegte Poldergebiet, und innerhalb kürzester Zeit entstand dort eine Landschaft aus Sumpf- und Grasland mit einer erstaunlichen Zahl zum Teil sehr seltener Vogelarten. Es brüteten Enten, Reiher, Gänse, Stelz- und Watvögel, zudem besuchten etliche Zug- und Greifvogelarten das Gebiet. Selbst See- und Fischadler siedelten sich an. Frans Vera, Biologe und Mitarbeiter der niederländischen Naturschutzbehörde, war als einer der Initiatoren eng mit dem Projekt verbunden. Er beobachtete, dass die Graugänse eine entscheidende Rolle für die Sumpfvegetation übernahmen. Sie grasten Schilfrohr und Rohrkolben ab und hielten damit das Röhricht in Schach, so dass die Wasserflächen nicht zuwuchsen – bislang war man davon ausgegangen, dass diese Aufgabe vom Menschen ausgeführt werden müsse. In der Tat schufen die Graugänse eine mosaikartige Landschaft aus Wasser und Sumpfvegetation, in der zahlreiche andere Tierarten ihren Platz fanden. Die Graugänse waren somit Landschaftsarchitekten, die aktiv die Umgebung gestalteten[65].

Die Erkenntnis, dass Pflanzenfresser die Vegetation aktiv beeinflussen, war fundamental neu. Es galt noch uneingeschränkt die »bottom-up«-Theorie, die besagte, dass das pflanzliche Nahrungsangebot das Vorkommen der meisten Tierarten bestimmt. Die Gänse in Oostvaarderplassen bewiesen das Gegenteil: Sie bestimmten durch ihr Fressverhalten die Vegetation. Frans Vera beschäftigte sich intensiv mit Pflanzenfressern und kam anhand seiner Beobachtungen zu dem weitreichenden Schluss, dass die Wissenschaft ein entscheidendes Teil im Puzzle der »natürlichen« Landschaftstypen in Europa außen vorgelassen hatte: die Megafauna. Weder der Auerochse noch der Wisent galten im europäischen Kontext als heimisch, obwohl sie noch bis ins späte Mittelalter in den Wäldern anzutreffen waren. Auch Pferde und andere große Weidetiere wie das Mammut wurden einfach nicht berücksichtigt. Stattdessen orientierte sich die Wissenschaft an Ökosystemen, die bereits von ihren ursprünglichen Bewohnern bereinigt waren. Aus dieser verengten Sicht hatte sich ein bestimmtes Bild der europäischen »Urlandschaft« entwickelt: Europa, so der wissenschaftliche Konsens, war einst von dichten Wäldern bedeckt. Die Sukzession, also die natürliche Vegetationsfolge an einem Ort, führe zwangsläufig zur Verwaldung. Oder einfacher ausgedrückt: Überlässt man ein Stück Land sich selbst, etabliert sich dort automatisch im Laufe der Zeit ein Wald.

Frans Vera stellte mit seinen Beobachtungen die sogenannte »Verwaldungstheorie« auf den Kopf. Und er nutzte Oostvaardersplassen als Experimentierfeld, um seine Theorie zu beweisen. Da den Flächen die Verbuschung drohte, brauchten die Graugänse Unterstützung, wenn die Graslandschaft auf Dauer erhalten bleiben sollte. Vera führte eine »Quasi-Megafauna« wieder ein. Als Ersatz für die ausgestorbenen Auerochsen und Tarpan-Pferde wählte er Arten, die ihnen genetisch am ähnlichsten waren. Mitte der 1980er Jahre wurden Herden von Konikpferden und Heckrindern angesiedelt und sollten die ökologische Rolle ihrer wilden Vorfahren übernehmen. Später wurden Rotwild und Rehe ausgewildert, wobei jede Art mit ihrem spezifischen Fressverhalten die Vegetation in Balance halten sollte[66]. Das Ziel war, ein Reservat zu schaffen, in dem Natur ohne menschlichen Eingriff sich selbst erhalten konnte. Wie würde sich die Vegetation mit einer wild lebenden Megafauna entwickeln?

Veras radikale Thesen ernteten große Aufmerksamkeit und wurden heftig diskutiert. Dabei bekam er auch starke Kritik von Kolleg:innen, die der Meinung waren, dass die wilden Weidetiere keine große Rolle in der Waldentwicklung spielen würden. Doch das Ergebnis in Oostvaardersplassen gab Frans Vera zumindest teilweise recht. Ein Großteil des Gebiets blieb tatsächlich waldfreies Grasland, die Artenvielfalt nahm weiterhin zu. Die Herden wild lebender Tiere trugen dem Projekt bald den Namen »Serengeti hinter den Deichen« ein. Im Jahr 2000 verfasste Vera eine wissenschaftliche Arbeit, in der er den Einfluss von Pflanzenfressern auf die Vegetation behandelte[67]. Nicht der Wald war ihm zufolge der natürliche europäische Archetyp, sondern eine mosaikartige Landschaft aus Wald und offenem Grasland, die zu einem Großteil von Pflanzenfressern geformt worden war. Die heute fehlende Megafauna hielt die Vegetation einst in einem ständigen Kreislauf: Demnach werden durch Pflanzenfresser Lichtungen geschaffen und erhalten. Im Schutz von Dornensträuchern wachsen neue Bäume heran, doch werden die Sträucher irgendwann von den Bäumen überschattet und sterben ab. Dadurch wird das Dickicht wieder für die Pflanzenfresser zugänglich, die dann verhindern, dass ein geschlossenes Kronendach entsteht. Der Wald erneuert sich permanent, und das Mosaik aus verschiedenen Biotopen bleibt bestehen, wobei die Vegetation insgesamt einem ständigen Wandel unterliegt. Inwiefern diese Theorie stimmt oder nicht, ist in der Wissenschaft noch immer umstritten, und es gibt keine abschließende Erkenntnis dazu.

Dass inmitten einer industriellen Umgebung ohne menschlichen Eingriff explosionsartig Leben und eines der artenreichsten Feuchtgebiete Mitteleuropas entstanden war, war ein Paukenschlag für die Naturschutzbewegung. Dennoch hatte das Projekt auch Schattenseiten. Das Gebiet war mit 6000 Hektar relativ klein für die stetig wachsenden Herden. Da es eingezäunt und von anderen Naturflächen isoliert war, hatten die Tiere keine Möglichkeit, bei Futterknappheit auszuweichen. Aufgrund der Überpopulation kam es im Winter deswegen zu Hungersnöten. Anfangs überließ man die Tiere ihrem Schicksal, und viele starben, was von Vera als natürliche Regulierung in Kauf genommen wurde. Doch traten bald Tierschützer:innen auf den Plan und attackierten dieses Vorgehen aus moralischen Gründen. Sie forderten, dass die Tiere im Winter gefüttert werden müssten. Der Fall landete vor Gericht. Das Ergebnis ist ein eigentümlicher Kompromiss: Als »humanere« Lösung werden Tiere, die den Winter wegen zu schwacher Konstitution voraussichtlich nicht überleben, abgeschossen. Die Auseinandersetzungen darüber halten jedoch an.

Obwohl Oostvaardersplassen aus vielen Gründen Vorbildcharakter hatte und als Meilenstein der Rewilding-Bewegung gilt, überwiegt mittlerweile die Kritik an dem Projekt, da eine natürliche Regulierung der Pflanzenfresser nicht gewährleistet ist. Es fehlen nicht nur die Beutegreifer, damit das System tatsächlich eigenständig funktionieren kann. Auch die Tatsache, dass die Tiere eingezäunt und somit an ihrer freien Bewegung gehindert sind, disqualifiziert Oostvaardersplassen für ein wirkliches Rewilding-Gebiet. Dennoch lieferte Veras Projekt gerade auch im Hinblick auf die Verwaldungstheorie zahlreiche neue, bahnbrechende Erkenntnisse: Biodiversität, auch die des Offenlandes, kann allein durch den Verbiss von Pflanzenfressern ganz erheblich zunehmen – auch ohne arbeitsintensive Pflegemaßnahmen durch den Menschen. Konnte es also sein, dass die Wissenschaft tatsächlich die Megafauna »vergessen« hatte? Und damit den Einfluss, den sie möglicherweise auf die Landschaften hatte? War also nicht der Wald allein unser ursprüngliches Habitat, sondern auch die steppenartigen Grasflächen? Und folglich: Gehören die großen Pflanzenfresser auch zu den fehlenden Schlüsselarten, die es wieder in die Ökosysteme zu integrieren gilt?

Aus diesen Fragen ergaben sich weitere grundsätzliche Schlussfolgerungen für den Naturschutz. Die meisten Umweltinstitutionen in der EU waren darauf gegründet, bestimmte Landschaftstypen zu erhalten. Frans Vera wollte ihren Horizont re-setten und neue Archetypen zulassen. Welche Landschaften sollten als »natürlich« gelten und gefördert werden? Ging es um den Schutz der verbleibenden Naturhabitate in ihrer vorhandenen Form? Biodiversitätsberichte schauen selten länger zurück als 50 Jahre und ignorieren den historischen Kontext. Hatte man sich möglicherweise an den verarmten Zustand der Natur gewöhnt? Musste es nicht darum gehen, reichere, komplexere Ökosysteme zu schaffen, Natur zu »renaturieren«? Welche »baseline« sollte dem ökologischen Bestreben zugrunde liegen?

Pleistozäner Geschichtspark

Oostvaardersplassen und andere Projekte zeigten, wie wenig die komplexen Beziehungen zwischen den Arten und ihr Einfluss auf die Umgebung erforscht waren. 2005 befeuerten die

Biologen Josh Donlan und Sergej Zimov die Debatte mit neuen Erkenntnissen über die Megafauna. Sergej Zimov forschte in der sibirischen Tundra. Im Permafrostboden fand er Knochen von Bisons, Elchen, Pferden und Mammuten, 10 000-jährige Überreste der pleistozänen Megafauna. Er schloss daraus, dass die arktische Tundra einst eine artenreiche Grassteppenlandschaft gewesen sein muss mit einem dichten Vorkommen an Bisons, Mammuten, Pferden, Rentieren, Löwen und Wölfen.

Seine These lautete: Als vor 10 000 Jahren die großen Pflanzenfresser verschwanden, hatte dies erhebliche Auswirkungen auf das Ökosystem[68]. So gesehen sei der heutige Moosbewuchs nicht die natürliche Vegetation der arktischen Tundra, sondern erst durch die fehlende Beweidung entstanden. Graslandschaften bräuchten für ihre Erhaltung Pflanzenfresser. Und das gelte nicht nur für Sibirien: Große Teile der Nordhalbkugel seien einst von Grassteppe bedeckt gewesen und von der Megafauna gepflegt worden. Auf einen Quadratkilometer Grasland kamen ungefähr ein Mammut, fünf Bisons, sieben bis acht Pferde und 15 Rentiere. Auch Wölfe und Höhlenlöwen waren reichlich vorhanden, die die Megafauna in Schach hielten. Ohne das Wort Serengeti überstrapazieren zu wollen, konnte sich der Tierreichtum durchaus mit afrikanischen Savannen messen. Mit dem Overkill hat nicht nur die Tierdichte um das Hundertfache abgenommen, auch die bis dahin typischen Grassteppen verschwanden. Denn ohne das Grasen und Trampeln der Huftiere breiten sich Gehölze und Moose aus und verdrängen die hochproduktive Graslandschaft mit ihren fruchtbaren Böden. Auf diese Weise entstand die heutige Tundra mit ihrer typischen Moos-, Flechten- und Strauchvegetation.

Da das sibirische Klima aus Zimovs Sicht noch immer für ein Mammut-Ökosystem geeignet ist, rief er ein experimentelles Projekt ins Leben: den sogenannten »Pleistozän-Park«. Die Namenassoziation zu einem bekannten Hollywood-Film ist durchaus beabsichtigt, und tatsächlich ging es auf eine Art um »Dinosaurier«: Auf 1000 Hektar siedelte er Jakuten-Pferde, Rentiere, Yaks, Moschusochsen, Kalmücken-Rinder und Bisons an mit dem Ziel, eine pleistozänartige Fauna zu rekonstruieren und ihre Wirkung auf das Ökosystem zu untersuchen – auch wenn er dabei teilweise auf genetisch ähnliche Ersatzarten zurückgreifen musste. Außerdem fand er heraus, dass die Permafrostböden jedes Jahr tiefer auftauten und dadurch mehr Kohlendioxid entweicht. In diesem Sinne galt sein Forschungsinteresse auch dem Klimawandel und der Frage, inwieweit wiederhergestellte Graslandschaften in der Lage seien, Kohlendioxid zu binden. 25 Jahre später hat sich die Landschaft tatsächlich verändert. Wo die Pflanzenfresser weiden, erstreckt sich nun wiesenartiges Grasland. Außerdem haben die Tiere tatsächlich das Tauen des Permafrostbodens aufgehalten. Auch war dort deutlich mehr Kohlendioxid im Boden zu finden. Doch braucht es noch umfangreichere Messungen, um einen großflächigen Effekt auf die Arktis nachzuweisen[69].

Ähnlich wie Frans Vera stellte auch Zimovs Arbeit nicht nur Beutegreifer, sondern ebenso die großen Pflanzenfresser in den Mittelpunkt für das Funktionieren von Ökosystemen. Josh Donlan und seine Kollegen waren in den USA zeitgleich zu ähnlichen Ergebnissen gekommen[70]. Die komplette Pleistozän-Geschichte sei von der Wissenschaft quasi ignoriert worden und damit der Einfluss, den die Megafauna einst auf die Ökosysteme hatte. Sie plädierten dafür, durch das Verschieben der »baseline« in Richtung Pleistozän eine neue Perspektive auf Natur und deren Restaurierung einzunehmen. Diese neue Sicht in der Wissenschaft, so hofften sie, würde helfen, den Fokus komplett neu auszurichten. Sie rückten nicht vorrangig die Präsenz der derzeit noch vorhandenen Tierarten in den Mittelpunkt, sondern die Absenz der verlorenen Arten. Das Ziel des Naturschutzes sollte also künftig nicht mehr allein darin liegen, zu erhalten, was ist, sondern sich auch darauf zu konzentrieren, was sein kann. Auch wenn Beziehungen von Arten untereinander ungeheuer schwer zu beobachten seien – erst recht, wenn es um vergangene Ökosysteme geht –, sei dies der wirkliche Stoff, aus dem Natur geschaffen ist. Die ungemeine Bedeutung, die großen Wirbeltieren eigentlich zukommt, zu ignorieren und nicht zu verstehen, dass diese Funktion quasi seit dem späten Pleistozän meist fehlt – mehr noch: dass ihre Funktion von der Wissenschaft gar nicht wahrgenommen wurde –, bezeichnete Donlan als groben Fehler von Biolog:innen und Naturschutzfachleuten. Er und seine Kolleg:innen plädierten deswegen für eine neue Naturschutzstrategie: das »pleistozäne Rewilding«. In Nordamerika, aber auch auf anderen Kontinenten sollten möglichst viele der fehlenden Arten wiedereingeführt werden. Wenn diese nicht mehr vorhanden wären, gelte es, Proxis, also genetisch möglichst ähnliche Ersatzarten, zu finden. Seine Frage lautete: Müssen wir den Verlust fast aller großen Säugetiere in den meisten Erdteilen akzeptieren? Oder müssen wir Verantwortung übernehmen und das Potenzial, das in ihrer Wiedereinführung liegt, wahrnehmen?

Welche Tiere konkret als Megafauna gelten, muss im jeweiligen Kontext definiert werden. In der Regel handelt es sich um die größten Wirbeltiere in einem Ökosystem[71]. Im Fall einer Insel wie Mauritius beispielsweise kann es auch eine eher ungewöhnliche Art sein. Eingeführte Ratten und Katzen hatten dort die Vögel nahezu ausgerottet. Zudem setzten nichtheimische Kaninchen und Ziegen den Bäumen und Büschen zu, was zu einer degradierten Vegetation führte. Auf zwei der kleineren Inseln hatte man versucht, die unerwünschten Eindringlinge zu eliminieren, jedoch mit wenig Erfolg. Zwar war die Zahl der Vögel wieder angestiegen, aber bestimmte eingewanderte Gräser wucherten nun ungehindert. Es brauchte einen ganz speziellen Pflanzenfresser, und man fand ihn schließlich in einem ähnlichen Ökosystem auf den Seychellen: die Riesenschildkröte. Die Reptilien konnten tatsächlich die nichtheimischen Gräser zurückdrängen und kreierten rasenähnliche Flächen, die heimische Vegetation erholte sich.

Donlans Vorstellungsvermögen, welche Arten zur Wiederansiedlung geeignet seien, war äußerst lebhaft. Es handelte sich für ihn nicht nur um Bisons, Pferde und alte Rinderrassen. In Nordamerika kämen außerdem Elefanten, Kamele, Geparde und Löwen als ursprüngliche Megafauna infrage. Donlan war sich der Kühnheit seiner Vorschläge durchaus bewusst. Ein derartiger Sprung in die vorkolumbische Zeit sei wenig realistisch für weite Teile der USA, so sein Fazit.

Dennoch wollte er mit seinen Ideen die Debatte über die Grenzen des Vorstellbaren befördern und vor allem für Naturreservate neue Möglichkeiten in Betracht ziehen.

Renaturierung und Prozessschutz – der deutschen Diskurs

Auch in Deutschland begann Mitte der 1980er Jahre eine Auseinandersetzung darüber, dass der Naturschutz – statt sich allein auf Arten- und Biotopschutz zu beschränken – auch den Ablauf natürlicher Prozesse in den Fokus nehmen müsse[72]. Der Biologe und Forstwirt Hans Bibelriether formulierte 1992 den Slogan »Natur Natur sein lassen«[73] und stellte dem ständig pflegenden menschlichen Eingriff im Naturschutz ein anderes Ideal gegenüber: Statt »musealen« Kulturlandschaften entwickelte sich Wildnis (oder möglichst große Naturnähe) ebenfalls zum Naturschutzziel. Das war insofern neu, als dass Wildnis, die als »ungepflegte Verwahrlosung« oder »Wildwuchs« wahrgenommen wurde, im mitteleuropäischen Kontext nie ein Leitbild gewesen war. Im Gegenteil hatte man sich eher von ihr emanzipieren wollen. Auch für den Naturschutz stellte dies eine Herausforderung dar, hatte er doch seine Wurzeln in der Landschaftspflege mit der Erhaltung heller, freundlicher, überschaubarer Kulturlandschaften. Menschlichen Eingriff möglichst zu unterlassen, bedeutete hingegen, auf Planung und Ordnungsprinzipien zu verzichten. Ein neuer Naturschutz durch »Nichts-Tun« sollte nun auch in Deutschland wieder möglichst ursprüngliche, weitgehend ungestörte Natur ermöglichen[74].

Diese Entwicklung war verbunden mit neu gewonnenen Erkenntnissen darüber, wie Ökosysteme funktionieren. Dabei wurde die Auffassung von stabilen, unveränderlichen Ökosystemen ersetzt durch die Erkenntnis, dass es sich um dynamische, sich verändernde Systeme handelt. Die neue Naturschutzstrategie, die sich daraus ergab und die naturnahe Ökosysteme mit ihren eigenen Prozessen und Dynamiken langfristig sichern wollte, wurde Prozessschutz genannt[75]. Der Begriff bezog sich allerdings in erster Linie auf den Wald, der nutzungsfreier sein sollte. Berühmtes und ältestes Beispiel für großräumigen Prozessschutz in Deutschland ist der Nationalpark Bayerischer Wald, der 1972 den völlig neuen Weg beschritt, Natur sich selbst zu überlassen. Damals hatte ein Sturm im Nationalpark rund 3000 Fichten umgerissen. Die Entscheidung, gegen viele Widerstände vor allem der Forstämter einige Dutzend Bäume liegen zu lassen, führte bereits zehn Jahre danach zu einem naturnahen und vitalen Jungwald, der sich völlig ohne menschliches Zutun entwickelt hatte. Auch weitere Windwürfe blieben liegen und zeigten bald, dass Natur sich selbstständig regeneriert[76]. Seitdem entwickelt sich der Bayerische Wald weitgehend ohne menschlichen Eingriff, inklusive des Zulassens von Totholz.

Ein weiteres Konzept zur Herstellung größerer Naturnähe ist seit den 1980er Jahren die Renaturierung. Darunter wird vor allem die Beseitigung menschengemachter Strukturen und deren Auswirkungen verstanden, wie beispielsweise der Abbau von Dämmen und Befestigungen an Flüssen (Flussrenaturierung) oder das Wiedervernässen drainierter Moore (Moorrenaturierung). Dies sind meist kleinflächige Maßnahmen, die eine ähnliche, naturnähere Biotopform wiederherstellen wollen, wie sie einst vorherrschte.

Rewilding ist ein Begriff, der diese Ansätze miteinander verbindet und für den es im Deutschen keine Entsprechung gibt. Wildnis zuzulassen und mehr natürliche Prozesse walten zu lassen, wird auch in vielen deutschen Schutzgebieten praktiziert. Die Initiative »Wildnis in Deutschland«[77] beispielsweise fasst Gebiete mit konsequentem Wildnisansatz in Deutschland zusammen. Außerdem verfolgt dieses Bündnis verschiedener Naturschutzorganisationen das Ziel, zwei Prozent Wildnisflächen in Deutschland zu schaffen. Doch geht es außerhalb der reinen Wildnisgebiete im Rewilding darum, mehr natürliche Prozesse auch in der Kulturlandschaft zuzulassen. Das bedeutet, die intensive Landnutzung extensiver zu gestalten, die »künstlichen« Systeme aufzubrechen und in natürlichere zu überführen. Dies geschieht bislang wenig, nur sehr kleinflächig und punktuell. Ein Beispiel dafür sind die »Wilden Weiden«[78]. Dabei sorgen »wilde« Weidetiere durch ganzjährige, naturnahe Beweidung für ein abwechslungsreiches Mosaik aus Weiderasen, Hochstaudenfluren, Gebüschen und Wäldern. Die Tiere erhalten damit eine artenreiche Naturlandschaft, die ansonsten durch den Menschen gepflegt werden müsste.

Die Diskussion darüber, wie weit Natur sich tatsächlich selbst überlassen werden darf oder kann und mit welchen Maßnahmen, ist noch immer in Bewegung. Dabei geht es vor allem stark um das Hinterfragen der Pflegemaßnahmen im Naturschutz. In der Praxis stellt sich hier oft ein Konflikt: Muss ein Magerrasen, auf dem der gefährdete Wiedehopf vorkommt, tatsächlich durch Mähen erhalten werden? Geht das nicht auch anders – beispielsweise durch wilde Weidetiere? Möglicherweise würde sich die Landschaft dadurch ändern, und eventuell könnte dies zum Verschwinden des Wiedehopfes führen, doch entstünde auf Dauer ein sich eigenständig erhaltendes System ohne notwendigen Eingriff. Dies gilt es abzuwägen.

Ein anderes Beispiel: In Teilen des Bayerischen Walds (und anderen naturnahen Wäldern) werden noch Hirsche geschossen, um den Jungwald vor zu starkem Wildverbiss (auch aufgrund fehlender Beutegreifer) zu schützen. Im Schweizer Nationalpark[79] hingegen, in dem sich die Natur seit 1914 frei von menschlichem Eingriff entwickelt und der als Pionierwildnisprojekt in Europa gilt, wurde die Jagd konsequent verboten. Spätestens an diesem Punkt beginnen die Debatten unter den Fachleuten: Welchen Einfluss haben insbesondere die heimischen Paarhufer, und müssen diese tatsächlich mehr oder minder flächendeckend bejagt werden? Werden sie als »Schädlinge« für den Wald gesehen, oder muss eine Veränderung des Waldes als mögliche Folge nicht unbedingt negativ bewertet werden?

Insbesondere die Rolle von Tieren in der Landschaft ist umstritten: Im Wald gelten sie oft als Störenfriede, auf Wiesen und Weiden werden sie hingegen zum Erhalt von offenen Landschaften eingesetzt. Rewilding versucht, diese verschiedenen Rollen zusammen zu denken und Landschaftsformen definitionsfreier zu betrachten. Statt klar definiertem Wald oder offener Landschaften wären somit auch Mischformen möglich.

Auch wenn die Idee von weniger Management und das Ziel, selbsterhaltende Ökosysteme zu schaffen, im Naturschutz von vielen unterstützt wird, gibt es noch immer viele Fragen, und auch fehlt es an Daten. Wie weit darf man gehen? Was ist an welchem Ort das Ziel von Naturschutz? Was soll an welcher Stelle tatsächlich geschützt, erhalten und entwickelt werden bzw. sich entwickeln können? Diese Fragen sind ungemein wichtig, und die Auseinandersetzung darüber ist wertvoll, um Naturschutz wirkungsvoll weiterzuentwickeln.

Frankenstein oder Naturschutz des 21. Jahrhunderts?

Die neuen Thesen trafen in der Wissenschaftswelt auf Zustimmung und Neugierde, aber auch Kritik. Mit der Wiedereinführung von Tierarten öffne man möglicherweise die »Büchse der Pandora« und laufe Gefahr, ein »Frankenstein-Ökosystem« zu schaffen[80]. Es gäbe zu wenig Wissen darüber, welche Auswirkungen einzelne Tierarten tatsächlich auf ein Ökosystem haben. Negative Effekte seien nicht auszuschließen. Auch seien die Unterschiede zwischen früheren Zeitaltern und heute zu groß und eine Umsetzung schon von daher wenig realistisch. Letztendlich überwog aber die Begeisterung über die neue Art des Denkens, das die düsteren Untergangsszenarien der 1970er und 1980er Jahre, die von Umweltkatastrophen und Naturzerstörung geprägt waren, überwand. Rewilding schuf eine neue Vision für den Naturschutz den 21. Jahrhunderts.

Statt den Untergang der Arten nur zu bremsen, setzten die Rewilding-Pioniere dem ständigen Verlust eine positive Botschaft entgegen und beschritten damit einen neuen, aufregenden Weg voller Hoffnung und Enthusiasmus. Diese Reorientierung weg vom alleinigen Schutz seltener Arten und Lebensräume hin zur Rekonstruktion ökologischer Dynamiken barg ein bis dahin nicht wahrgenommenes Potenzial. Der Naturschutz emanzipierte sich dadurch von seiner reaktiven Position hin zu einer proaktiven Disziplin[81].

Neuartig war auch, dass es nicht nur darum ging, Gebiete unter Schutz zu stellen oder reine Wildnisgebiete zu schaffen. Ziel war es, auch in der Kulturlandschaft wieder mehr natürliche Prozesse zu ermöglichen und dadurch positive Effekte sowohl für die Biodiversität als auch für die Menschen zu erreichen. So könnte beispielsweise die erneute Überflutung bisher entwässerter oder eingedeichter Flussauen die Hochwassergefahr für die Menschen senken. Obendrein reduziert dies auch in den angrenzenden landwirtschaftlichen Gebieten das immer schnellere Absinken der Grundwasserstände während immer längerer Trockenzeiten. Gleichzeitig entsteht Lebensraum für eine größere Anzahl an Tier- und Pflanzenarten.

Der Weg der Naturdegradierung war demnach keine Einbahnstraße. Er konnte umgekehrt werden. Natur, die als verloren galt, musste nicht für immer verschwunden bleiben. Wobei das Ziel nicht darin bestand, die Vergangenheit zu rekonstruieren, sondern neue oder komplexere Ökosysteme zu schaffen, in denen die Natur selbst »entscheidet«, was passiert. Dieser Ansatz, in dem der Mensch nicht mehr als Gärtner, Manager oder

Herrscher vorkommt, ist nicht nur kosteneffektiver, sondern auch produktiver, da jedes Anarbeiten gegen die Natur entfällt. Naturschutz, der bestimmte Landschaftstypen erhalten möchte, zum Beispiel Heidelandschaften, muss gezielt natürliche Veränderungen verhindern. Der ständige Wandel, dem Natur unterworfen ist, würde dadurch künstlich unterbunden, kritisieren daran die Rewilder[82]. Insofern folgt Rewilding dem »laisser-faire«-Gedanken. Der Natur wird die Freiheit gelassen, sich selbst zu entfalten. Es gibt kein formuliertes Ziel, keine richtigen oder falschen Ergebnisse. Was zählt, ist das Vertrauen, dass Natur sich selbst reguliert. Die Attraktivität dieses Konzepts besteht auch darin, dass Rewilding auf Anschuldigungen und moralische Bewertungen verzichtet. Es ist eine Idee, die sich auf die Vision einer besseren Zukunft für alle konzentriert, in der der Mensch nicht »Störfaktor« oder Übeltäter ist, sondern eine positive Rolle spielen kann. Rewilding gibt dem Menschen angesichts der drohenden Katastrophe eine »Gebrauchsanweisung« an die Hand. Um sie zu verstehen und umzusetzen, müssen wir allerdings unser bisheriges Verständnis von Naturschutz, von Landnutzung, von unserer Rolle in der Natur grundsätzlich hinterfragen.

Gleichzeitig muss vor unrealistischen und idealisierten Erwartungen gewarnt werden. Rewilding ist kein Allheilmittel! Nicht jeder menschliche Einfluss kann immer und überall ausgeschaltet werden. Pestizidbelastung, Überdüngung von Landschaften, Gewässerversauerung und andere Umweltbedrohungen sind zu großflächig, um einzelne Gebiete davon in jedem Fall abschirmen zu können. Die Natur kommt also nicht zwangsläufig mit allen vom Menschen verursachten Problemen zurecht. Hier gilt noch immer unsere Verantwortung, die richtigen Rahmenbedingungen zu schaffen und einzugreifen, um gravierende menschliche Auswirkungen auf die Natur möglichst zu vermeiden. Genauso wenig sollte Rewilding dahingehend missverstanden werden, rein gar »nichts mehr zu tun« oder auf Arten- und Biotopschutz zu verzichten. Rewilding versteht sich vielmehr als Ergänzung zu Naturschutzmaßnahmen, die noch immer eine wichtige Rolle für den Erhalt von Artenvielfalt spielen.

Rewilding in Europa

Seit Anfang des Milleniums haben sich die Theorien rund um Rewilding weiter ausdifferenziert. Als noch relativ junge Disziplin handelt es sich um eine Vielzahl verschiedener Ansätze, die sich an den jeweiligen örtlichen Gegebenheiten orientieren. Gehört an einem Ort die »aktive« Auswilderung von Megafauna oder fehlenden Schlüsselarten zum Rewilding-Konzept, kann Rewilding an einem anderen das »passive« Verwildernlassen bedeuten, indem in natürliche Prozesse nicht mehr oder zumindest weniger als bisher eingegriffen wird. Das Konzept des Rewilding ist anpassungsfähig und kreativ. Da diese Offenheit nicht nur ein Vorteil ist, versuchen Wissenschaftler:innen federführender Rewilding-Organsationen derzeit, unterschiedliche Definitionen unter einen Hut zu bringen und international anerkannte Prinzipien zusammenzufassen[83].

Zu den Hauptprinzipien gehört es, trophische Interaktionen wiederherzustellen und wilde Kernzonen einzurichten, in denen das volle Spektrum an Arten vorkommt, die zur Selbsterhaltung eines Ökosystems nötig sind. Vor allem aber gilt: Rewilding arbeitet mit der Natur. Das bedeutet, den ständigen ökologischen Wandel anzuerkennen, der beispielsweise durch die Jahreszeiten, durch wechselnde Wasserstände, durch extreme Wetterereignisse wie Stürme oder Lawinen hervorgerufen wird. Rewilding akzeptiert diese dynamischen Prozesse als natürliche Entwicklung und unterstützt damit den freien Lauf der Natur, ohne bestimmte Abläufe zu verhindern oder anderweitig zu beeinflussen. Zu den Hauptprinzipien gehört aber auch, die Bevölkerung mit ins Boot zu holen, gemeinsame Lösungen im Zusammenleben zu finden und auf lokales Wissen zurückzugreifen.

Weltweit werden durch Rewilding-Projekte wertvolle Erfahrungen gesammelt und ermutigende Ergebnisse erzielt. In Nordamerika beispielsweise werden Bisons angesiedelt, um die Prärielandschaften der »Great Plains« wieder herzustellen. Die »Yellowstone to Yukon Conservation Initiative« verbindet mittlerweile auf mehr als 3000 Kilometern Wildniskernzonen entlang der Rocky Mountains bis nach Alaska. In Brasilien sorgen Goldaguti und Brüllaffe durch die Verteilung von Pflanzensamen für die Regeneration des stark fragmentierten atlantischen Regenwaldes. In Australien versuchen Rewilding-Projekte, das Schnabeltier, den Tüpfelbeutelmarder und andere Beuteltiere auszuwildern und dadurch verlorene ökologische Verbindungen wiederherzustellen.

Während in den USA, Kanada oder Australien noch große Teile des Landes nicht oder wenig vom Menschen genutzt werden, sieht die Situation im dicht besiedelten Europa anders aus. Aber auch in Europa kehrt die Natur bereits an einigen Stellen zurück. Tiere wie Wolf, Luchs, Elch, Biber werden wieder vermehrt Teil unserer heimischen Fauna. Auch gibt es in Europa bzw. in Deutschland neben vielen Renaturierungsprojekten auch Gebiete, in denen menschlicher Eingriff minimiert wird, Tiere (wie Wisente und Biber) wieder angesiedelt werden oder Natur weitgehend nutzungsfrei ist (beispielsweise ehemalige Truppenübungsplätze). In Deutschland ist die Initiative »Wildnis in Deutschland«[84] zu nennen, in der sich federführende Naturschutzorganisationen zu einem Bündnis zusammengetan haben, um sich gemeinsam für mehr Wildnisgebiete einzusetzen. Eine Landkarte der Wildnisgebiete auf ihrer Webseite dient als »Wildnis-Wegweiser« in Deutschland. Wie erwähnt liegt der Anteil an Wildnis mit 0,6 Prozent aber auf einem sehr niedrigen Niveau.

In Europa waren vor allem die Niederlande in den 1980er Jahren nicht nur mit Oostvaardersplassen Vorreiter in der »natuurontwikkeling«. Wegen häufiger Überflutungen an den eingedeichten Flussläufen hatte man früh mit Renaturierungsexperimenten begonnen, die ähnliche Prinzipien wie das Rewilding umsetzten. Die renaturierten Flussläufe waren eine Erfolgsgeschichte, die von der niederländischen Regierung unterstützt wurde. Doch sollte es noch 30 Jahre dauern, bis die Rewilding-Bewegung sich europaweit organisierte. Auch hier spielten die Niederlande eine Hauptrolle. 2011 gründete sich die Organisation »Rewilding Europe«[85] mit Sitz im holländischen Nijmegen. Die Gründung folgte im Anschluss an eine internationale Wildniskonferenz 2009 in Prag, auf der bereits erste Ideen für eine neuartige europäische Naturschutzinitiative formuliert wurden, die auf dem Schutz und der Wiederherstellung von Wildnisgebieten basieren sollte.

Rewilding Europe setzt außerdem konkrete Rewilding-Projekte um, die zeigen, wie eine ursprüngliche Natur in Europa wiederhergestellt werden kann. Es begann mit fünf Projekten in Westiberien (Portugal und Spanien), in Kroatien, den Ostkarpaten in der Slowakei und Polen, den rumänischen Südkarpaten und dem Donaudelta. Sie sollten wissenschaftlich begleitet werden, um die ökologischen Auswirkungen zu dokumentieren. Und nicht zuletzt sollten auch neue Möglichkeiten gemeinsam mit der lokalen Bevölkerung geschaffen werden. Die Organisation sah und sieht vor allem ein großes Potenzial in den sich ändernden Lebensverhältnissen in ländlichen Regionen, wo viele Kleinbauern die Land- und Viehwirtschaft aufgeben. Äcker und Weiden werden »frei« für wildere Natur. Landflucht wird dadurch vom Problem zur Chance sowohl für die Natur als auch für neue, nachhaltige, naturverträgliche Einkommensquellen für die ländliche Bevölkerung[86]. Die geschaffenen Naturgebiete ebenso wie naturnähere Kulturlandschaften zeigen, dass Europa zu einem anderen Umgang mit Natur in der Lage ist und Wildnis sowie natürliche Prozesse auch auf diesem Kontinent ihren Platz finden können.

Was also kann Wildnis im europäischen Kontext konkret

bedeuten? Wie kann Europa wilder werden? Frans Schepers, Mitgründer und Geschäftsführer von Rewilding Europe, wirbt für eine Praxis des »Weniger ist mehr«. Weniger Management, mehr Selbstbestimmung für die Natur. Das Ziel sei es, auf diese Weise die Qualität möglichst vieler Gebiete auf der »Wildnisskala« nach oben zu verschieben. Während es nur an wenigen Orten in Europa gelingen könne, komplette Wildnis wiederherzustellen, gehe es eher darum, Orte durch möglichst viel Freiraum – zusammen mit Einwohner:innen und regionalen Interessensvertreter:innen – etwas wilder zu gestalten. In zehn Regionen in Europa haben sich mittlerweile Rewilding-Organisationen gegründet. Außerdem gibt es ein Netzwerk vieler weiterer kleinerer Rewilding-Gebiete[87]. Jede Region hat dabei unterschiedliche Voraussetzungen und Herausforderungen und folgt einem eigenen Weg. Wisente, Wildpferde und ursprüngliche Rinderrassen werden ausgewildert. Manchmal sind es auch Geier, Gämse oder Biber, die im Ökosystem fehlen. An manchen Orten kommen Wolf, Bär oder Elch von allein zurück. Immer geht es darum, das Zusammenleben mit diesen Arten konfliktarm zu gestalten. Interessenskonflikte mit Landbesitzern, Fischern, Jägern, Landwirten müssen gelöst werden. Und es entstehen neue Unternehmen, die auf der neuen Beziehung zur Natur basieren und zeigen, dass andere Wirtschaftsmodelle möglich sind. Die Beispiele beweisen, dass auch in Europa die Wildnis gesellschaftsverträglich ist und eine nachhaltige regionale Entwicklung unterstützen kann.

Oder-Delta – Eine Region entdeckt ihr Naturpotenzial

Tiefblau zieht sich die Wasserfläche durch die Landschaft. Dichte Schilfbänke erstrecken sich entlang der Ufer, an manchen Stellen geht das Röhricht bis aufs offene Wasser. Immer wieder ragen abgestorbene Baumskelette aus dem Wasser. Auf dem See tummelt sich eine Vogelschar. Grau- und Blessgänse machen hier gerade Station, bald kommen die nordischen Sing- und Zwergschwäne. Am wolkendurchsetzten Himmel kreisen Möwen. Die Moorlandschaft im Anklamer Stadtbruch am westlichen Stettiner Haff, nur einige Kilometer vor der Ostseeinsel Usedom gelegen, ist in ihrer Art einzigartig und einer der vielfältigsten Lebensräume in Mitteleuropa.

Das war nicht immer so. Durch die einst für Pommern charakteristischen Moorlandschaften wurden Mitte des 19. Jahrhunderts Entwässerungsgräben gezogen, vielerorts, um Torf abzubauen. Mitte des 20. Jahrhunderts, als der Torfabbau langsam zurückging, wurden die trockengelegten Flächen vor allem für die Landwirtschaft genutzt. Auf den trockengelegten Moorböden weideten bis vor 30 Jahren noch Kühe, außerdem gab es einen Nutzwald. Im Jahr 1995 kam es schließlich zu einem wahren Umbruch. Bei einem Sturmhochwasser in der Nacht vom 4. auf den 5. November brach ein Deich und setzte das dahinter liegende Land unter Wasser. Der Deich erwies sich als so marode, dass eine Reparatur auf dem Abschnitt ausschied. Ein neuer Deich wurde weiter landeinwärts gebaut. 2000 Hektar Land wurden somit der Natur zurückgegeben.

Dies war der Startschuss für einen Rewilding-Prozess und

eine enorme landschaftliche Veränderung. Als Erstes starb der Wald ab, der unter Wasser geraten war. Die Baumskelette ragen noch als stumme Zeugen aus dem See. Die Vorstellung fällt schwer, dass hier vor gar nicht allzu langer Zeit noch Land- und Forstwirtschaft vorherrschten. Ein Rundwanderweg führt durch das Areal, vorbei an Flachseen und lichten Wäldchen. Die Betonwegplatten stehen an manchen Stellen je nach Wasserstand des Stettiner Haffs unter Wasser. Was in anderen Rewilding-Gebieten oftmals durch gezielte »Kick-off«-Maßnahmen erreicht wird, indem Deiche oder andere Infrastruktur zurückgebaut werden, passierte hier quasi durch Zufall und von allein.

Dass Landschaften sich natürlicherweise verändern, ist in Deutschland eigentlich gar nicht vorgesehen. Waldflächen beispielsweise sind genau definiert. Was kein Wald ist, darf auch kein Wald werden und umgekehrt. Im Anklamer Stadtbruch läuft nun alles ein bisschen anders. Vor allem, seit auch die Jagd und forstwirtschaftliche Tätigkeit eingestellt und damit das Gebiet aus jeglicher wirtschaftlichen Nutzung genommen wurde. Seitdem ist im Anklamer Stadtbruch als offiziellem Wildnisgebiet eine Landschaftsdynamik zu beobachten, die sich uneingeschränkt und frei entfalten darf.

»Jetzt entscheidet nur noch die Natur, in welche Richtung die Entwicklung geht«, erklärt der Landschaftsökologe Stefan Schwill. Er betreut den Anklamer Stadtbruch für die NABU-Stiftung »Nationales Naturerbe«, in deren Eigentum sich das Gebiet heute befindet, und sitzt im Vorstand des Vereins »Rewilding Oder Delta«, denn das Gebiet gehört seit 2015 zu einer der Modellregionen von Rewilding Europe. Welche Arten sich ansiedeln, welche Vegetation sich entwickelt – alles bleibt der Natur überlassen. »Und wir gucken ganz gespannt zu. Das ist aber auch alles, was wir tun.« Gespannt zuschauen, ohne einzugreifen – dieses Prinzip gilt auch für die Tierwelt. Mit der Zeit siedelten sich, angezogen von den großen Wasserflächen, etliche Vogelarten an. Der Anklamer Stadtbruch entwickelte sich zu einem Hotspot für Zugvögel, aber auch zu einem der Gebiete mit der höchsten Brutdichte an Seeadlern in Europa. Zwischen zehn und 14 Seeadlerpaare leben heute wieder im Gebiet, vereinzelt thronen Adlerhorste in den Baumkronen. Unmittelbar zuvor hatte sich auch eine große Kolonie Kormorane niedergelassen. Ihre Jungen dienten dem Seeadler als Futter für seine Brut. Inzwischen ist die Kormorankolonie jedoch erloschen, weil die Vögel keine geeigneten Bruträume mehr fanden. »Jetzt ist die spannende Frage: Wie reagiert die Seeadlerpopulation?« Nimmt sie wieder ab? Oder steigen die Tiere auf andere Nahrungsquellen um? Maßnahmen, um Seeadler oder Kormoran in dem Gebiet zu halten, kommen für die Rewilder nicht infrage.

Der Anklamer Stadtbruch ist ein Beweis dafür, dass Natur in der Lage ist, sich ohne das Eingreifen des Menschen weitgehend selbstständig zu regulieren. Gerade im mitteleuropäischen Raum, der stark von intensiv genutzten Kulturlandschaften geprägt ist, fehlt es jedoch noch immer an Erfahrungen, wie natürliche Prozesse ablaufen. Wie entwickelt sich Natur ohne direkten Eingriff? Wie sieht die ungestörte Interaktion von Tier- und Pflanzenarten über einen längeren Zeitraum aus?

»Natürlich haben wir Erwartungen, in welche Richtung die Entwicklung hier gehen wird«, sagt Stefan Schwill. Aber: Wenn die Natur etwas anderes entscheidet, müssten die Erwartungen eben korrigiert werden. »Wir werden sicher einige unserer Vorstellungen über Bord werfen müssen, wenn wir von den Wildnisgebieten gelernt haben.«

Rückkehr der Wildtiere

Der Anklamer Stadtbruch liegt am westlichen Ende der insgesamt 400 000 Hektar großen deutsch-polnischen Rewilding-Region Oder-Delta. Insgesamt umfasst die Region ein vielfältiges Landschaftsmosaik aus Küste und Lagune, Mooren und Wiesen, Wäldern und Flusstälern, das sich rund um das Stettiner Haff bis zur Ostsee erstreckt. Nicht überall wird verwildert, ein großer Teil der Fläche ist in land- oder forstwirtschaftlicher Nutzung. Dennoch hat das Gebiet einen für Deutschland äußert seltenen Charakter. Wegen der peripheren Lage ist die Landschaft relativ ungestört und wenig zerschnitten. Das Land ist dünn besiedelt, die Straßeninfrastruktur erst moderat ausgebaut. Auch wegen der Grenzlage war die Natur sowohl auf der polnischen wie auf der deutschen Seite weitestgehend sich selbst überlassen. Hier bestimmt das Wasser die Region. Anders als die meisten Flüsse in Deutschland, die begradigt, kanalisiert, eingedeicht oder in anderer Weise in ihrem Verlauf verändert wurden, lässt sich an der Oder ein Fluss in annähernd ursprünglichem Zustand erleben. Das Untere Odertal, eine teilweise zwei bis vier Kilometer breite Auenlandschaft, unverbaut und noch immer von vielen Altarmen durchzogen, mäandert von Küstrin bis ins Haff. Als eine der letzten verbliebenen naturnahen Flusslandschaften Mitteleuropas bietet die Oder hier Lebensraum für eine enorme Artenvielfalt, unter anderem eine Vielzahl an Vogel-, Insekten- und Fischarten[88]. Auch wurden verschiedene Moore und Flüsse in der Region wieder renaturiert, entwässerte Landwirtschaftsflächen wieder vernässt, Deiche und Staudämme abgebaut. Zusammen bieten die Moore, Gewässer, Wälder und Wiesen ein Landschaftsmosaik aus weitgehend ungestörten Habitaten – ideale Bedingungen für Wildtiere, die diese großflächigen Gebiete durchstreifen können. Wo in anderen Rewilding-Gebieten Wildtiere wieder eingeführt werden, sind einst verschwundene Arten fast alle von allein in diese Region zurückgekehrt. Jetzt ist sie Heimat der »Oder Delta Big Seven«, der sieben ikonischen Tierarten: Seeadler, Biber, Wolf, Wisent, Elch, Baltischer Stör und Kegelrobbe[89].

Je östlicher, desto wilder: Vor allem auf der polnischen Seite des Haffs lässt sich beobachten, wie eine ungestörte Interaktion von Tier- und Pflanzenwelt aussehen kann. Nach dem Zweiten Weltkrieg war das ohnehin schon menschenarme Westpommern jenseits der Zentren verlassen und kaum wiederbesiedelt worden. Die Landwirtschaft wurde weitgehend aufgegeben, da sich weder die Entwässerung der oft feuchten, sandigen Böden noch die Düngung rentierte. Es entstand eine wilde Landschaft, die vom Menschen jenseits der wenigen Dörfer kaum noch beeinflusst wurde. Was sich heute dem Auge bietet, sind weite Wiesenlandschaften, die sich immer wieder mit Wäldern und Feuchtgebieten abwechseln. Zwar werden auch hier Moore entwässert, Wiesen von Landwirt:innen gemäht, und vereinzelt steht Vieh auf den Weiden. Doch hat diese Form der überwiegend extensiven Landwirtschaft kaum negative Auswirkungen auf die Natur. Mensch und Natur haben hier über die Jahrzehnte ein gutes Miteinander gefunden. Und die Natur hat sich in dieser Zeit weitestgehend selbst verwildert. So entstand in Westpommern eine einzigartige ökologische Vielfalt und Schönheit, die die Region sowohl für Einheimische als auch für Besucher:innen sehr attraktiv macht, durchaus vergleichbar mit Regionen in Schweden oder Südfrankreich.

Iwona Krępic, Präsidentin der Tourismusorganisation Stepnicka Organizacja Turystyczna, und Jonathan Rauhut, Umweltwissenschaftler bei Rewilding Oder Delta, sind vor allem von der polnischen Seite des Oder-Deltas fasziniert. Dass es diese Landschaften in der Form noch gibt, ist auch das Verdienst der beiden Naturliebhaber. Denn nach der politischen Wende begann der wirtschaftliche Druck auf die Region. Großinvestoren entdeckten ihr Interesse an der Windenergie. In ganz Nordwestpolen sollten Windparks auch in geschützten Gebieten entstehen, ebenso waren Entwässerungen und Eindeichungen geplant, nicht zuletzt neue Autobahnen und der Ausbau der Oder. Als diese Vorhaben bekannt wurden, gehörten Iwona Krępic und Jonathan Rauhut zu denen, die sich gemeinsam mit vielen Naturschutzorganisationen, Einwohnerinnen und Einwohnern auf polnischer und deutscher Seite gegen diese Pläne zur Wehr setzten. Es gelang ihnen, viele dieser umweltgefährdenden Investitionen zu stoppen, gleichzeitig bewarben sich die in der Region aktiven Umweltschutzorganisationen als Rewilding-Modellprojekt, und das Oder-Delta wurde 2015 als achte Region von Rewilding Europe aufgenommen. Mit dem Titel ist allerdings kein offizieller Schutzstatus verbunden. Vier Jahre später gründete sich der deutsch-polnische Verein Rewilding Oder Delta[90]. Eine Autobahn von Stettin nach Danzig konnte jedoch nicht verhindert werden. Inwieweit die Straße die Migration der Elche beeinflusst, muss noch genauer untersucht werden. Von den vorhandenen Grünbrücken machen offenbar nur wenige Gebrauch.

Dass Wisent und Elch hier schon seit vielen Jahren zu den wilden Bewohnern Westpolens gehören, ist ein ökologisches Wunder und relativ unbekannt. Die Riesensäuger ziehen dort weitgehend frei und ungehindert umher wie einst, als sie in den mitteleuropäischen Breitengraden noch weit verbreitet waren. Erst im frühen Mittelalter starben sie aufgrund von Bejagung, Wilderei und Lebensraumverlust fast aus. Im Osten Polens hatten wenige Wisente überlebt und breiteten sich von dort wieder aus. Auch der Elch war in der Nachkriegszeit noch stark gefährdet. Durch Wiederansiedlungsbemühungen stieg der Bestand zwar allmählich, doch führte intensive Bejagung zu einem starken Bestandsrückgang in den 1990er Jahren. Erst ab dem Jahr 2001 erholte sich die Population dauerhaft, als Polen ein Moratorium für die Elchjagd einführte. Aktuelle Schätzungen gehen von 28 000 Tieren aus, die sich mittlerweile von Ostpolen Richtung Westen ausgebreitet haben. Ähnliches gilt für den Wisent, der in den 1950er Jahren in den ostpolnischen Wäldern von Białowieża wieder ausgewildert wurde. Nach weiteren Ansiedlungen leben heute in Westpolen ca. zwölf stabile Wisentkernherden mit rund 400 Tieren, die zwischen Küstrin, Stettin, Danzig und Posen ihrer Wege gehen.

Diese beiden großen Pflanzenfresser sind zusammen mit den reichen Populationen an Rehen und Rothirschen die Landschaftsarchitekten in den großen Naturgebieten der Region, ist Jonathan Rauhut überzeugt. »Die Tiere haben Einfluss auf die Vegetationsentwicklung. Das ist offensichtlich. Sonst wäre hier nur Moorwald und Erlenbruchwald.« Das Damwild frisst die jungen Bäume fast wie mit der Rasierklinge ab. Die Büsche werden nicht so hoch. Elch und Reh verbeißen eher nur die Knospenspitzen. Der Baum stirbt davon nicht, trotzdem verhindert oder verzögert es das Zuwachsen der Landschaft. Obwohl die tatsächliche Auswirkung von Pflanzenfressern auf die Landschaft in der Wissenschaft noch immer nicht abschließend geklärt ist, lassen sich Auffälligkeiten beobachten: Statt großflächiger Waldgebiete herrscht eine Vielfalt unterschiedlicher Habitate vor, die ein Mosaik aus Offenland, Wiesen und Feuchtgebieten, Wald und einzelnen Baumgruppen bilden. Dazwischen fügen sich Landwirtschaftsflächen harmonisch in das Gesamtgefüge ein. Keine knallgrün gedüngten Felder bestimmen hier das Bild, sondern artenreiche, naturnah bewirtschaftete Grünländer. Alles existiert nebeneinander. Wie der Zusammenhang zwischen Pflanzenfressern und der Vegetationsentwicklung tatsächlich aussieht, bleibt dennoch weiterhin offen. Dies wird sich nur über einen längeren Zeitraum beobachten lassen. Einzig sicher ist der Wandel: Ähnlich wie im Anklamer Stadtbruch ist auch im östlichen Oder-Delta die Natur in Bewegung. Eine dynamische, veränderliche Landschaft, die im westlich angrenzenden Deutschland so kaum vorkommt, da Wald und Offenland normalerweise strikt getrennt voneinander existieren. Doch die Vielfalt an Lebensräumen an einem Ort, die Kombination verschiedener Habitate sind die Gründe für die enorme Biodiversität. In diesem Landschaftsmosaik kommen selbst gefährdete Arten wie Raubwürger, Wachtel, Wiedehopf oder bestimmte Schmetterlinge vor, die normalerweise als Offenlandarten gelten und bisher kaum der »Wildnis« zugeordnet wurden. Im Oder-Delta finden diese Tiere dennoch ihren Lebensraum in den durch Pflanzenfresser geschaffenen naturnahen Gebieten. Megaherbivoren wie Elch und Wisent beeinflussen die Artenvielfalt positiv, beobachtet Jonathan Rauhut. »Das Fehlen solcher Arten führt im Umkehrschluss zu abnehmender Artenvielfalt, weil dann nur reine Wälder übrig bleiben. So schön die sind, haben sie allein nicht eine solch hohe und dynamische Artenvielfalt wie eine Mosaiklandschaft mit halb offenen Flächen.« Im Oder-Delta sei auf diese Weise ein Reichtum an Biodiversität entstanden, mit dem kaum ein Nationalpark in Deutschland mithalten kann. »Blaukehlchen, Schreiadler, Elche, Wölfe, Fischotter, Seeadler, Fischadler, Raubwürger, Neuntöter – Trockenland- und Feuchtlandarten kommen alle durcheinander vor.«

Außerdem verändert Rewilding die Sicht auf Pflanzenfresser. Wird der Verbiss von Rot- und Rehwild normalerweise von Forstleuten als Problem für den Wald gesehen, spielt er in Rewilding-Gebieten keine Rolle. Da der Nutzungsanspruch fehlt, kann es in der Wildnis auch keine »Schäden« geben, und die Populationen können sich ungehindert ausdehnen. Wo kein

Ziel, da kein Schaden. Rewilding bringt uns ins Bewusstsein, dass die Unterteilung in Nützlinge und Schädlinge eher mit menschlichen Nutzungsansprüchen zusammenhängt.

Zusammenleben mit Wolf, Elch und Wisent

Die Rückkehr vieler Tierarten ist für den Menschen ungewohnt und sorgt an manchen Stellen für Konflikte. In einem bis fast in jeden Winkel genutzten Land überschneidet sich der Lebensraum von Mensch und Tier zwangsläufig. Zudem haben wir uns an die quasi »homöopathischen« Dosen ungefährlicher Wildtiere in der Natur gewöhnt und halten die geringen Tiervorkommen in unserer Umgebung für normal. Deswegen ist es für die Rewilder:innen im Oder-Delta wichtig, die Bewohner:innen der Gegend auf das Zusammenleben vorzubereiten und gute Lösungen für mögliche Konfliktpunkte zu finden. Elch und Wisent, die unweit hinter der polnischen Grenze leben, werden sich voraussichtlich über kurz oder lang dauerhaft in Richtung Deutschland ausbreiten. Ein Wisentbulle hat bereits 2017 die Grenze ins Märkisch-Oderland überquert. Keine 24 Stunden später wurde er auf Geheiß des Ordnungsamts aus Gefahrengründen erschossen. Das Entsetzen auf polnischer Seite war groß, denn in Polen ist der Wisent ein Nationalsymbol. Speziell dieses Exemplar war vielen Menschen bekannt, wurde geliebt und hatte sogar einen Namen. Um derartige Vorfälle in der Zukunft zu vermeiden, geht es darum, von den polnischen Erfahrungen zu lernen. Da sowohl Elch, Wisent und Wolf viel länger ein Bestandteil der Natur waren, hat es die polnische Bevölkerung nicht verlernt, mit ihnen zu leben; der Umgang ist insgesamt entspannter. Auch der Elch wurde bereits häufiger in Mecklenburg-Vorpommern und Brandenburg gesichtet. Die wachsende Population auf der polnischen Seite führt dazu, dass sie sich in naher Zukunft neue Territorien in Deutschland suchen wird. Momentan lebt unmittelbar an der deutschen Grenze eine kleine Elchpopulation von ca. 40 Tieren. Junge Elchbullen unternehmen ausgiebige Wanderungen auf der Suche nach Weibchen und überqueren regelmäßig die Grenze nach Deutschland. Jetzt geht es darum, mögliche Konflikte zu antizipieren und Lösungen vorzubereiten. Wie soll mit Wildschäden umgegangen werden? Welche Kompensationssysteme gibt es für Landwirte und Waldbesitzer:innen? Wie kann der Straßenverkehr elch- und wisentsicher gemacht werden?

Ein Fall für gutes Wildtiermanagement ist beispielsweise der Umgang mit Wisenten in der Kulturlandschaft. Denn zwangsläufig durchqueren Herden auch Agrarflächen und richten dort unter Umständen Schäden an. Daher werden die Leitkühe der Kernherden besendert, um ihr Bewegungsprofil zu überwachen. Verweilen die Herden längere Zeit in genutzter Agrarlandschaft, werden sie mit Drohnen oder Schreckschüssen vertrieben. In extrem seltenen Konfliktfällen werden einzelne Tiere auch eingefangen und umgesetzt. Die Tiere sollen konditioniert werden, Agrargebiete möglichst zu meiden oder schnell zu durchqueren. Vereinzelte Forderungen, Wisente abzuschießen, sind eher kontraproduktiv. Denn dadurch würde ein Lerneffekt auf lange Sicht verhindert. Zudem spricht das Wisent-Interventionsteam der polnischen Naturschutzorganisation ZTP intensiv mit betroffenen Landwirten. Die Bemühungen gehen in die Richtung, sowohl dem Menschen als auch den Wildtieren einen Umgang miteinander »beizubringen«. Ein Erfolg scheint sich bereits einzustellen: Die landwirtschaftlichen Schäden sind gering, es müssen nur selten Tiere vergrämt oder gar umgesetzt werden. Und immer mehr Wisente durchstreifen auch ohne Sender Nordwest-Polen, offenbar erfolgreich darauf sozialisiert, landwirtschaftliche Gebiete nicht zu ihrem Aufenthaltsschwerpunkt zu machen.

Das größte Konfliktpotenzial im Zusammenleben bietet sicherlich der Wolf, der bereits seit mehreren Jahren stabile Rudel in Brandenburg wie auch im Oder-Delta aufgebaut hat. Was für den Artenschutz einen Erfolg darstellt, wird von vielen Landwirt:innen mit Widerstand und Ablehnung betrachtet, und es werden emotional aufgeheizte Debatten geführt. Da der Wolf unter strengem Schutz steht, geht es darum, ein Zusammenleben zu lernen. Dafür existieren Schutzmaßnahmen, die Nutztierhalterinnen und Nutztierhaltern zur Verfügung stehen und deren Kosten übernommen werden. Dazu gehören neben Zäunen, die bestimmte Bedingungen erfüllen müssen, spezielle Herdenschutzhunde. Kommt es dennoch zu Schäden, wenn der Wolf Nutztiere reißt, werden Kompensationsgelder ausgezahlt. Damit diese Gelder gezahlt werden können, müssen Tierhalter:innen (bei Schafen, Ziegen und Gatterwild) nachgewiesenermaßen ihre Herden geschützt haben. Elektrozäune haben sich als recht effektiv erwiesen. Vereinzelt überwinden Wölfe Zäune. Dringt ein Wolf wiederholt in entsprechend der Mindeststandards gesicherte Weiden ein, kann er geschossen werden. Im Prinzip verhielte es sich mit dem Wolf ähnlich wie mit Fuchs oder Habicht, sagt Carina Vogel, Schäferin in Brandenburg. Wer seine Hühner schützen möchte, wird Vorkehrungen treffen, damit sie weder Fuchs noch Habicht zum Opfer fallen. Hier haben sich Schutzmaßnahmen wie Netze bewährt, und kaum eine Hühnerhalterin sperrt ihre Tiere nachts nicht in den Stall. Dennoch lassen sich Zwischenfälle nicht gänzlich vermeiden. »Das Risiko gehört zur Tierhaltung dazu«, sagt Carina Vogel, die beim Brandenburger Landesamt für Umwelt als Ansprechpartnerin für Schadensfälle fungiert und Tierhalter:innen berät, wie sich Zwischenfälle mit dem Wolf verhindern lassen. Ihre bis zu acht Schaf- und Ziegenherden schützt sie durch Elektrozäune, und obwohl ihre Tiere im Territorium von drei verschiedenen Wolfsrudeln weiden, hat sie noch keinen Angriff auf ihre Tiere erlebt. Die negative Erfahrung mit stromführenden Zäunen hält einen Wolf normalerweise davon ab, einen Zaun zu überwinden. Besonders in der Hobbytierhaltung und bei Rinderkoppeln fehlen Schutzzäune jedoch oft. Ihrer Erfahrung nach sind die meisten Wolfsrisse auf fehlende Schutzmaßnahmen zurückzuführen[91]. »Guter Herdenschutz ist das A und O.« Schafft der Wolf es, die Schutzmaßnahmen dennoch wiederholt zu überwinden, wird sie deutlich: »Dann muss der Wolf weg!« Die Aufgeregtheit und Emotionalität beim Thema Wolf kann sie schwer nachvollziehen. »Auch der Steinmarder ist so gesehen ein Problemtier. Er verursacht wirtschaftlich viel größeren Schaden als der Wolf. Aber wir haben uns mit ihm arrangiert.«

Tatsächlich fordert der Wolf unsere Fähigkeit zur Koexistenz heraus. Es braucht Erfahrungen, wie Nutztiere noch effektiver geschützt werden können. Auch der Umgang mit »Problemwölfen« muss gelernt werden: Wie können sie besser identifiziert und unkompliziert entnommen werden? Bislang ist der Einfluss der Wölfe auf die Wildtierbestände im Oder-Delta gering. Hier sind aber langjährige Beobachtungen und Erfahrungen notwendig. Die Beobachtung der offiziellen Jagdstrecken in Deutschland zeigt jedoch, dass einheimische, an das jeweilige Ökosystem gut angepasste Populationen von Beutetieren stabil bleiben. Künstlich wiederangesiedelte und weniger angepasste Arten wie das Mufflon und der Damhirsch sind dagegen weniger »wolfsresistent«. Das Zusammenleben mit dem Wolf erfordert aber vor allem eines: die Bereitschaft, uns auf die Gegebenheiten einzulassen und den Wolf als Teil unseres gemeinsam geteilten Lebensgebietes zu akzeptieren.

Dass Elche, Wölfe, Wisente (und Luchse, die in Nordwest-Polen wieder ausgewildert werden) auch auf der deutschen Seite des Oder-Deltas ungestört durch die von ihnen gewählten Landschaften streifen können, liegt neben den natürlichen Bedingungen auch an der Bereitschaft der Menschen, mit diesen Tieren zusammenzuleben und dabei weder Kosten noch Mühen zu scheuen. Mehr Natur in Europa zuzulassen, bedeutet eine Akzeptanz von Wildtieren, die in diesen Landschaften leben und ein wichtiger Teil des Ökosystems sind. Anstatt eine Bewertung in willkommene und unwillkommene Tierarten vorzunehmen und diese anhand von Kriterien zu treffen, die allein auf Annehmlichkeiten basieren, geht es um eine Koexistenz mit allen Lebewesen, die sich die Landschaft mit uns teilen. Dies ist in der Geschichte Europas bislang kaum gelungen und stellt uns vor eine Herausforderung. Doch schulden wir dies den Menschen, die den Einfluss der Tiere bereits unmittelbar spüren. Und wir schulden dies auch den Tieren, die nach langer Zeit der menschenverursachten Abwesenheit nun wiederkehren. Nicht nur, weil die Tiere eine wichtige Funktion im Ökosystem spielen. Es gibt uns zudem die Gelegenheit, die Anwesenheit dieser großartigen Tiere und die Faszination eines neuen Miteinanders zu erleben und eine Beziehung zu ihnen aufzubauen.

Landschaft unter Druck

Das ökologische Kleinod im Oder-Delta und der weiteren Umgebung ist immer wieder in Gefahr. Denn der wirtschaftliche Druck der Nachwendezeit hält an. Die Errichtung von Windparks im Rahmen der Energiewende mit ihren nicht unproblematischen Auswirkungen auf die Tierwelt und der Bau weiterer Autobahnen sind noch immer nicht vom Tisch. Zudem droht der Ausbau der Oder auf Hunderten von Kilometern von Südpolen bis in das Untere Odertal – vorgeblich für Eisbrecher und damit für den Schutz vor Eishochwasser, tatsächlich aber allein für die Binnenschifffahrt. Allgemein verfolgt die polnische Regierung den Plan, eine Binnenwasserstraße von Swinemünde an der Ostsee über den geplanten Donau-Oder-Elbe-Kanal bis nach Přerov in Tschechien zu bauen. Diese Wasserstraße würde das Ausbaggern, Aufstauen, Begradigen und Vertiefen der naturnahen Oder erfordern. Bereits die Erneuerung vorhandener Buhnen bedeutet für die Oderauen akute Gefahr. Nicht nur die Tier- und Pflanzenarten sind bedroht, zu erwarten ist auch der Ausfall von Ökosystemdienstleistungen, die diese Landschaft liefert: Die naturnahen Flusslandschaften fungieren als nachhaltiger und natürlicher Hochwasserschutz, sind wichtig für die Selbstreinigung der Gewässer und tragen dazu bei, dass weniger Treibhausgase freigesetzt werden.

Ein anderes Bauprojekt am Stettiner Haff ist bereits in vollem Gange: In und um Swinemünde wird im Herzen der Lagune gebaggert, um die Fahrrinne zwischen Stettin und der Zufahrt zur Ostsee zu vertiefen. Schon bald sollen Schiffe mit bis zu 44 000 Tonnen Ladung den zweitgrößten Hafen Polens ansteuern.

Gleichzeitig geht es darum, Wege zu finden, nicht nur die Naturgebiete zu schützen, sondern auch die Kulturlandschaft naturnah zu nutzen. Für den Nutzungsdruck auf die Deltalandschaft ist auch die Agrarsubventionspolitik verantwortlich. Obwohl sich eine intensive Bewirtschaftung der Flächen im Oder-Delta nicht rechnet – die Entwässerung ist viel zu aufwendig, ganz abgesehen von den Auswirkungen auf das Klima –, stellen Subventionen noch immer einen Anreiz zur intensiven Nutzung dar. Rewilding Oder Delta setzt sich gemeinsam mit anderen europäischen Umweltverbänden seit Jahren bei der Europäischen Kommission dafür ein, Landwirte zu kompensieren, wenn sie die Nutzung ihrer Flächen reduzieren oder aufgeben wollen. Teilweise mit Erfolg.

Auch Flussabschnitte wurden renaturiert, so geschehen an Flüssen wie der Ina und Gowienica. Dämme wurden zurückgebaut und Kies ausgebracht, um natürliche Laichplätze für Lachse und Meeresforellen wiederherzustellen. Ehemalige Landwirtschaftsflächen und trockengelegte Waldmoore wurden und werden wieder vernässt, indem Stauwehre abgebaut und Entwässerungsgräben zugeschüttet werden. So bleibt das Wasser in der Landschaft, Feuchtbiotope entstehen, Moore können sich langfristig regenerieren und zum Klimaschutz beitragen. Auch werden derzeit weitere Waldflächen aus der Nutzung genommen und sind auf dem Weg, naturnahe, wilde Wälder zu werden.

Das Oder-Delta hat zudem eine weitere wichtige Bedeutung als Migrationskorridor vieler Arten nach Westeuropa. Wolf, Wisent, Elch breiten sich von Osteuropa, wo sie sich oftmals gehalten haben, wieder in Richtung Westen aus. Das Oder-Delta und die angrenzende Weite Nordwest-Polens ist eine der wenigen Regionen in Mitteleuropa, die großflächig bislang noch relativ wenig von schädlichen Einflüssen des Menschen betroffen ist. Hier kann man Landschaften erleben, die weitgehend einer natürlichen Entwicklung überlassen sind. Tiere haben Freiraum, sich relativ ungestört zu bewegen, und die Interaktion mit Pflanzen, Bäumen, Sträuchern, Wiesen bringt eine unvergleichliche Vielfalt hervor. Damit dies so bleibt, darf der Nutzungsdruck auf die Region nicht weiter wachsen. Wenn wir diesem wilden Gebiet nicht den notwendigen Platz für seine Weiterentwicklung zugestehen, wird auch dieses Naturparadies früher oder später verloren gehen.

3
Wild wirtschaften

Von Landnutzung und Flächenfraß

Rewilding-Projekte in ganz Europa zeigen, wie ein Ansatz für die Lösung sowohl der Biodiversitäts- als auch der Klimakrise aussehen kann. Doch dafür braucht es – neben dem politischen Willen – vor allem eine Ressource, die in Europa äußerst knapp ist: Platz. In der Tat ist hinreichend Platz für Natur einer der kritischen Punkte bei Klima- und Artenschutz, denn das Artensterben ist unweigerliche Folge der Intensivierung der Landnutzung. Wie wir uns Land weiterhin aneignen und wie wir Flächen »managen«, ist eine der zentralen Fragen der Zukunft, denn auf dem dicht besiedelten Kontinent ist der ungezügelte Flächenverbrauch mittlerweile zu einem der gravierendsten und am meisten unterschätzten Probleme geworden. Dies zeigt sich beispielhaft an der Diskussion um den Kohleabbau im nordrhein-westfälischen Lützerath. In der Debatte zwischen Politik und Klimaschützer:innen ging es vor allem um Klimaschäden durch fossile Energiegewinnung. Die Kritik an der Räumung des Orts bleibt aus der Rewilding-Perspektive jedoch unvollständig. Denn abgesehen von der CO_2-Problematik geht durch den Tagebau auch hier ein Stück Land relativ unwiederbringlich verloren. Nicht nur die Menschen verlieren ihren Lebensort, auch alle anderen Lebewesen werden vertrieben. Was bleibt, ist ein gigantisches Loch in der Erde. Um das Ausmaß der Flächenverschwendung und den Zusammenhang zwischen Nutzung und schwindender Artenvielfalt zu begreifen, schauen wir uns in diesem Kapitel die größten Flächenräuber an. Außerdem widmen wir uns dem Wirtschaftswachstum, das mit dem Flächenverbrauch zusammenhängt. Dafür sind einige Zahlen und Daten notwendig, bevor wir uns den praktischen Alternativen zuwenden.

Richten wir dabei als Erstes den Blick auf die Landwirtschaft. Im europäischen Durchschnitt nimmt sie 50 Prozent der Fläche ein. Wie bereits an anderer Stelle beschrieben, bedroht die durchindustrialisierte Agrarwirtschaft die Lebensräume für

Tierarten auf vielerlei Weise und schafft homogene, artenarme Nicht-Lebensräume verbunden mit einer dramatischen Abnahme an Tier- und Pflanzenarten, an Blühangeboten für Insekten, an Vogelarten[92]. In vielen Studien und Berichten wird mittlerweile die Landwirtschaft sogar als Hauptursache der meisten ökologischen Probleme auf dem Planeten benannt. Der Grund für diese Art der Bewirtschaftung ist die Nachfrage nach (billigen) Nahrungsmitteln[93]. Aus diesem Grund hat die Ernährungsweise eine bedeutende Auswirkung auf die Artenvielfalt. Die äußerst flächenintensive Erzeugung von Fleisch- und Milchprodukten fällt besonders ins Gewicht[94]. Weideland ist zum dominierenden »Ökosystem« auf dem Planeten geworden[95]. 50 Prozent der Ernte auf deutschen Ackerflächen werden als Tierfutter und weitere 21 Prozent für die Energie- und Treibstoffproduktion verwendet[96]. Lediglich auf etwas mehr als einem Drittel der Ackerflächen werden somit tatsächlich Nahrungsmittel für den unmittelbaren Verzehr angebaut. Lebensstil, Ernährungsweise und Flächenmanagement in Deutschland bewirken darüber hinaus einen immensen Flächendruck in anderen Ländern. Wenn das Tierfutter aus Brasilien stammt, wird der dortige Regenwald auch für die hiesige Produktion abgeholzt. Die in Deutschland zur Verfügung stehende Fläche reicht für die Nahrungsmittelproduktion für alle Bürger:innen längst nicht mehr aus. Es bräuchte zusätzliche 42 500 qm – das sind 30 Prozent mehr Landwirtschaftsfläche als momentan vorhanden – vor allem für die Produktion von Soja, Obst, Kakao, Kaffee und Gemüse[97]. Gerade der Welthandel spielt dabei eine verheerende Rolle: 30 Prozent der bedrohten Arten gehen auf sein Konto[98]. Sogenannte Entwicklungsländer belasten Böden und Gewässer, um Exportgüter zu produzieren, wodurch sie massiv Arten, Spezies und Ökosysteme dezimieren. Angesichts dieser »Landimporte«, die mit der Zerstörung von Naturhabitaten und mit sozialen Problemen meist außerhalb Europas einhergehen, ist eine nachhaltige Ernährungsweise sowohl eine Frage des Umweltschutzes als auch der globalen Gerechtigkeit. Die industrielle Landwirtschaft hat eine destruktive Dimension angenommen, die kaum mehr zu rechtfertigen ist. Wo früher zu Zeiten der extensiven Landwirtschaft zumindest noch eine Koexistenz von Tieren und Agrarland möglich war, fallen diese Flächen heute als Lebensraum für Tiere und Pflanzen mehr oder weniger komplett weg. Dementsprechend müssten wir sowohl unsere Ernährung umstellen, als auch die Produktionsweise von Nahrungsmitteln ändern. Zudem ist schon lange eine Umgestaltung der EU-Agrarpolitik fällig, die aufgrund politischer und ökonomischer Fehlanreize noch immer in die falsche Richtung geht.

In Deutschland hat sich während der vergangenen 60 Jahre zudem der Anteil an Siedlungs- und Verkehrsflächen (SuV) mehr als verdoppelt[99]. Auf einst ökologisch wertvollen Flächen befinden sich heute Kläranlagen, Flugplätze, Gewerbegebiete, Staudämme, Pipelines, Windparks, Stromtrassen, Straßen oder Bahnlinien. Aktuell beträgt der tägliche Flächenverbrauch ungefähr 54 Hektar – dies entspricht einer Größenordnung von ca. 80 Fußballfeldern[100]. Ziel der Bundesregierung ist, die Zahl bis 2030 auf unter 30 Hektar pro Tag zu reduzieren[101]. Doch hinkt die Realität dem politischen Willen weit hinterher. Das

Platzbedürfnis privater Haushalte wie auch der Wirtschaft wächst. Dabei sind es nicht nur Supermärkte mit großen Parkplätzen oder Logistikzentren, die die meiste Fläche verbrauchen. Den Löwenanteil macht der Bau von Einfamilienhäusern aus. Jeder Mensch in Deutschland beanspruchte im Jahr 2011 im Durchschnitt 47 Quadratmeter allein für das Wohnen, Tendenz steigend[102]. Im Jahr 1991 lag die Quadratmeterzahl noch bei 34. Um diesen Anspruch zu bedienen, entstehen immer mehr Neubaugebiete auf der »grünen Wiese«, während gleichzeitig Wohnungen, Gebäude oder Grundstücke in den Städten leer stehen. Zudem erleichtert die Bundesregierung angesichts der steigenden Mieten Gemeinden, neues Bauland auszuweisen, was im Gegensatz zu dem erklärten Flächensparziel steht. Viele Gemeinden versuchen, durch neu erschlossene Gewerbegebiete in ländlichen Randzonen Firmen anzulocken und so von zusätzlichen Steuergeldern zu profitieren. Oftmals hängt dieser zusätzliche Flächenverbrauch mit einer nicht genügend durchdachten oder unkoordinierten Flächennutzungsplanung zusammen – und einem fehlenden Anreiz zur Umnutzung bereits erschlossener Flächen[103].

Der immense Flächendruck erhöht sich noch durch die Energiewende, für die zusätzlicher Raum gefunden werden muss. Zwei Prozent der deutschen Gesamtfläche hat die Bundesregierung für Windenergiegewinnung vorgesehen. Woher sollen diese Flächen stammen? Das Zwei-Prozent-Ziel ist nur dann vertretbar, wenn dabei die Belastungsgrenze der Ökosysteme respektiert wird. Ist dies nicht der Fall – und die geplante Umsetzung mit allen Aufweichungen der bestehenden Naturschutzauflagen (wie die Einhaltung des EU-Natura-2000-Rechts) deuten darauf hin –, wird Natur im Namen des Klimaschutzes geopfert und verwandelt sich »in Windeseile in monotone, industriell überformte ›Energielandschaften‹. Jeder Hektar freier Landschaft wird zu Zwecken der Energiegewinnung, -speicherung und -verteilung unterworfen.«[104]

Die Flächenzerschneidung und ihre Folgen

Der Flächenfraß erobert nicht einfach nur mehr und mehr Land. Neue Straßen, Bahntrassen oder andere Infrastruktur zerstückeln die Landschaft und zerschneiden Habitate in kleinere, isolierte Stücke. Die Verkehrs- und Transportwege innerhalb Europas haben in den letzten 50 Jahren enorm zugenommen, genauso wie die Entwicklung urbaner Zentren. In Europa liegt die Hälfte der Oberfläche innerhalb von 1,5 Kilometer Entfernung von einer Straße oder Bahnstrecke, im Durchschnitt ist jede beliebige Stelle nur zehn Kilometer von einer Straße entfernt[105]. Dabei fällt der Grad an Fragmentierung in Europa von Land zu Land sehr unterschiedlich aus. Am wenigsten betroffen sind die skandinavischen Länder sowie Spanien, Portugal, Griechenland und Osteuropa. Die höchste Fragmentierung weist hinter den Beneluxländern Deutschland auf[106].

Die Zerstückelung hat eminente Folgen für die betroffenen Habitate. Denn der entstehende Flickenteppich ist ökologisch nicht mehr gleichzusetzen mit dem »Ausgangsstoff«. Eine Straße teilt ein Kerngebiet in zwei kleinere Kerngebiete, die jedoch nun von flächenmäßig größeren, weniger wertvollen Randzonen umgeben sind. Dadurch nimmt die Biodiversität automatisch ab[107]. Während das Verkehrsnetz für den Menschen Mobilität bedeutet, bedeutet es für die Tier- und Pflanzenwelt das Gegenteil. Straßen sind für Tiere oftmals tödliche Hindernisse (Schätzungen gehen von jährlich 250 000 Wildunfällen in Deutschland aus), die sie an der freien Bewegung hindern und von anderen Habitaten abschneiden. Wenn aber kein Austausch zwischen den einzelnen Tierpopulationen mehr stattfinden kann, droht genetische Verarmung. Außerdem bedeuten Lärm, Licht, Abgase und andere Störungen Stress für die Tiere. Von dem Infrastrukturausbau sind besonders große Säugetiere mit einer langsamen Reproduktion und einem größeren Bewegungsradius betroffen. Rotwild in den Schweizer Alpen beispielsweise hat kaum noch Möglichkeiten, die Täler zu durchqueren. Aber auch die Populationen vieler anderer Tiere wie Feldhasen, Wildkatzen, Luchse, Fischotter sind bereits stark dezimiert. Nicht einmal Pflanzen sind von den Folgen der zunehmenden Fragmentierung sicher. Auch Samen und Sporen müssen Distanzen überwinden, um neue Habitate zu besiedeln, sich auszubreiten und ihren Genpool auszutauschen.

Betrachten wir die ökologischen Folgen des zunehmenden Flächenverbrauchs, liegt die Konsequenz auf der Hand: Der anthropogene Druck auf die Natur muss nachlassen. Unser Ziel muss sein, weniger Platz einzunehmen, weniger Kontrolle walten zu lassen, weniger Einfluss auszuüben. Ein wesentlicher Faktor, der über Leben und Sterben von Arten entscheidet, ist das, was ihnen an Habitaten noch zur Verfügung steht.

Deswegen ist es notwendig, zusammenhängende Naturgebiete zu bewahren oder zu schaffen, in denen sich Tiere und Pflanzen wieder annähernd frei bewegen können. Initiativen wie »Nature needs half«[108] oder »Half Earth«[109], in denen sich internationale Wissenschaftler:innen, Naturschützer:innen und engagierte Naturbotschafter:innen zusammengeschlossen haben, fordern, als Antwort auf die Klima- und Artenkrise mindestens 50 Prozent der gesamten Erde (inklusive der Meere) unter Schutz zu stellen. Mit dem Schutz der Hälfte der insgesamt 846 Ökoregionen auf der ganzen Welt könnten 85 Prozent aller Arten gerettet werden. Die verbleibende Wildnis vor der drohenden Zerstörung zu schützen, hätte auch den Effekt, Kohlendioxid, das in Wäldern, Grasland oder Mooren gespeichert ist, nicht in die Atmosphäre entweichen zu lassen. Somit müsse bei der Abwägung unterschiedlicher gesellschaftlicher Ziele der Bewahrung der Wildnis die größtmögliche Priorität eingeräumt werden, so die Wissenschaftler:innen. Über den Wildnisschutz hinaus ist es notwendig, die Art und Weise des Landmanagements zu adressieren und die verschwenderische, nicht nachhaltige, rein an menschlichen Kriterien ausgerichtete Landnutzung radikal zu überdenken und neu auszurichten.

Die Probleme sowie Lösungen werden nicht nur vom Naturschutz, sondern auch in der Politik mittlerweile klar benannt. Im Rahmen der Klimadebatte wurde beispielsweise das Aktionsprogramm »Natürlicher Klimaschutz«[110] des Umweltministeriums aufgelegt, das die Wiedervernässung von Auen und Mooren, die Renaturierung von Wäldern, Böden, Gewässern und Meeren mit entsprechenden Maßnahmen zum Ziel hat. Auf EU-Ebene gibt es mit der Biodiversitätsstrategie für 2030[111] einen Plan zur Umkehrung der Schädigung der Ökosysteme. Die UN hat ihre Dekade der Biologischen Vielfalt abgelöst durch die bis 2030 laufende UN-Dekade zur Wiederherstellung von Ökosystemen[112]. Doch die gesteckten Ziele werden regelmäßig verfehlt und schlagen sich nicht in der Realpolitik nieder. In dem Bericht des Weltbiodiversitätsrats (IPBES) zu den Werten und Bewertung der Natur von 2022[113] kritisiert das UN-Gremium klar und deutlich, dass politische und wirtschaftliche Bewertungen der Natur sich überwiegend an kurzfristigen Zielen wie dem Bruttoinlandsprodukt orientieren. Die langfristigen Kosten einer nicht nachhaltigen Nutzung natürlicher Ressourcen werden dagegen kaum berücksichtigt. Wirtschaftswachstum und kurzfristiges Profitdenken seien Gründe, weshalb eine Million Tiere und Pflanzen vom Aussterben bedroht sind. Der Wert der Natur als Grundlage allen Lebens werde konsequent ignoriert. Solange also die Gewinnmaximierung die ausschlaggebende Richtschnur ist, wird im Konflikt zwischen dem Bau eines Gewerbegebiets und dem Naturerhalt die Entscheidung noch immer gegen die Natur gefällt werden. »Die Natur in all ihrer Vielfalt ist das größte Gut, das sich die Menschheit nur wünschen kann, und doch wird ihr wahrer Wert bei der Entscheidungsfindung oft außer Acht gelassen«, sagte die Chefin des UN-Umweltprogramms Inger Andersen. Eine Neudefinition der Begriffe von »Entwicklung« und »guter Lebensqualität« sei deshalb unabdingbar.

Ein Ende des Wachstums

Das Hauptproblem für die Ökosphäre liegt in der Art des Wirtschaftens, die auf Wachstum basiert. Die Auswirkungen des exponenziellen Wirtschaftswachstums sind schon lange bekannt. Bereits 1972 warnte der Club of Rome in seinem Bericht mit dem Titel »Die Grenzen des Wachstums«[114] vor den Folgen einer Wirtschaftsweise, die sich allein an den wachsenden Bedürfnissen der Industriegesellschaften orientiert. Die Grenzen liegen dabei vor allem in der Begrenztheit der natürlichen Ressourcen, weniger in der Begrenztheit der industriellen Möglichkeiten. 30 Jahre später fasste der amerikanische Unternehmensberater und Umweltschützer Paul Hawken dies in folgende Worte: »Heute wird der wirtschaftliche Fortschritt nicht durch die Anzahl der Fischerboote begrenzt, sondern durch die abnehmende Zahl der Fische; nicht durch die Kraft der Pumpen, sondern durch das Absenken des Grundwassers. Im Gegensatz zu den herkömmlichen Produktionsfaktoren sind diese biologischen Faktoren begrenzt und nicht ersetzbar.«[115]

Der Wachstumsimperativ hat ungeheure Konsequenzen für die natürliche Welt, denn Wachstum ist untrennbar mit einem steigenden Energie- und Ressourcenverbrauch verbunden. Welches Ausmaß der Rohstoffverbrauch allein im letzten Jahrhundert angenommen hat, zeigen die folgenden Zahlen: Das Gesamtgewicht allen abgebauten und konsumierten Materials auf der Welt verdoppelte sich in der ersten Hälfte des 20. Jahrhunderts von sieben Milliarden auf 14 Milliarden Tonnen pro Jahr. Nach 1945 kam es zu einem explosionsartigen Anstieg: Der

Verbrauch stieg von 35 Milliarden Tonnen im Jahr 1980 auf 50 Milliarden Tonnen im Jahr 2000 und schließlich auf 92 Milliarden Tonnen im Jahr 2017[116]. Diese Zahlen sind mehr als erschreckend, vor allem vor dem Hintergrund, dass Wissenschaftler:innen davon ausgehen, dass der Planet bloß einen Materialfußabdruck von bis zu 50 Milliarden Tonnen pro Jahr verkraften kann (also die Hälfte des aktuellen Verbrauchs!).

Der Kapitalismus mit seiner inhärenten Logik entfaltet auf der Suche nach neuen Märkten und Möglichkeiten, auf der Jagd nach Profitraten einen »destruktiven Expansionismus«[117]. Dieser Wachstumsexpansionismus, so Eileen Crist, stütze sich auf eine Produktionsweise, in der die »feindliche Übernahme« der Natur zwingend notwendig sei, um die Art und Weise der Nahrungsmittelproduktion weiterzuführen, Energie und Rohstoffe zu gewinnen, Konsumgüter herzustellen. Das Resultat ist die »Assimilierung der Welt zum Zweck maximaler Nahrungsmittelproduktion und Wirtschaftsleistung«[118]. Um es mit einfacheren Worten zu sagen: Wir verwandeln die natürliche Welt in eine Warenwelt.

Das Wachstumsprinzip und der damit steigende Bedarf an Energie und Ressourcen ist alles zusammen – Teufelskreis, Falle und »Geiselhaft«. Wie kann ein Ausweg aussehen? Dass es so nicht weitergehen kann, ist klarer denn je: Ein Ausstieg aus der destruktiven Produktionsweise ist nicht mehr nur eine Option, wir MÜSSEN unseren ökologischen Fußabdruck auf diesem Planeten reduzieren. Die Reduktion von Kohlendioxidemissionen ist sicher der wichtigste Bestandteil im Kampf gegen die Erderwärmung. Aber damit ist es nicht getan. Wir müssen Wege des Wirtschaftens finden, die den Ressourcen- und Energieverbrauch reduzieren und ein Gleichgewicht mit der natürlichen, lebendigen Welt herstellen: Dazu gehört, überflüssige und überschüssige Produktion zu vermeiden, dem ungezügelten Ausleben einer expansionistischen Verhaltensweise Einhalt zu gebieten und eine neue Beziehung zu definieren, in der der Mensch ein konstruktiver Teil der Natur sein kann. Dies ist eine der größten Herausforderungen des 21. Jahrhunderts: Wie stellen wir Natur wieder her und schützen das Klima, während wir gleichzeitig unsere ökonomischen Lebensgrundlagen sichern?

Mensch und Natur – ein Widerspruch?

Was ist der Platz des Menschen in der Natur? Wie kann eine konstruktive Rolle des Menschen in der Natur aussehen? In der Debatte über das Verhältnis zwischen Mensch und Natur dominierten lange Zeit Strömungen, die die Natur vor dem Menschen schützen möchten und unter intakter Natur, »Wildnis«, möglichst menschenfreie Zonen verstehen. Danach wäre menschliches Handeln per se in schützenswerten Naturzonen ein Problem und quasi keine Aktivitäten erlaubt. Diese Sicht ist historisch kaum haltbar, wenn wir davon ausgehen, dass der Mensch einst zu Zeiten von Jäger- und Sammlergesellschaften ein natürlicher Bestandteil seines Lebensraums war – der Begriff Wildnis existierte für ihn nicht einmal. Die Abgrenzung zwischen Mensch und Umgebung ergab sich erst im Zuge der Einführung der Landwirtschaft und der Sesshaftigkeit: Jetzt wurde zwischen gewünschter und nicht gewünschter Umgebung, kontrollierten und unkontrollierten Tieren und Pflanzen unterschieden.

Auf der anderen Seite kamen in den 1990er Jahren vermehrt »Anti-Wildnis-Diskurse« auf, die behaupteten, Wildnis existiere überhaupt nicht mehr. Es gäbe auf der Erde keinen Ort mehr, der nicht in irgendeiner Weise vom Menschen beeinflusst sei – ergo handele es sich beim Begriff Wildnis heutzutage um einen Mythos. Folgt man dieser Ansicht, ist dem menschlichen Handeln Tür und Tor geöffnet – wo keine Wildnis mehr ist, bleibt auch nichts mehr zu schützen. Verabschieden wir uns von der Idee der Wildnis, dann streichen wir die ursprüngliche Natur komplett aus unserer Vorstellungswelt und akzeptieren das Verdrängen der Natur durch den Menschen als vollendete Tatsache.

Wenn wir »wild« nicht mehr mit »unberührt« gleichsetzen und menschliche Anwesenheit nicht grundsätzlich ausschließen, gibt es sehr wohl noch Wildnis. Es ist wichtig, an der Existenz – ja der Möglichkeit einer Existenz – von Wildnis festzuhalten. Wir dürfen uns nicht abfinden mit einer Welt, die sich zunehmend in einen Disney-Themenpark verwandelt, der allein dem Menschen dient. Gäben wir die Vorstellung tatsächlicher Wildnis auf, könnten wir uns schleichend in einer Realität wiederfinden, in der Natur nur in überschaubaren, eigens angelegten Resorts zu finden ist. Diese Dystopie ist ein reales Szenario, wenn wir nicht in der Lage sind, eine neue, konstruktive Rolle in und mit unserem natürlichen Habitat zu finden.

Auf der Wildnisskala nach oben

Werden wir weiterhin Flächen erschließen, versiegeln, überdüngen, mit Pestiziden vergiften, entwässern, bebauen? Wie gehen wir zukünftig mit dem uns zur Verfügung stehenden Land um? Die Antworten auf diese Fragen werden darüber entscheiden, welche Lebensräume wir der Tier- und Pflanzenwelt zugestehen und welche Qualität sie haben werden. Artenvielfalt zu erhöhen und funktionierende Ökosysteme zu schaffen, heißt nicht unbedingt, dass sich der Mensch aus der Natur zurückzieht. Es reicht auch nicht aus, einige ikonische (Rewilding-) Schutzgebiete zu errichten. Frans Schepers, Geschäftsführer von Rewilding Europe, hat es so formuliert: Wir müssen die Qualität möglichst vieler Flächen auf der Wildnisskala nach oben verschieben – und zwar auch in Gebieten, die vom Menschen genutzt werden. Dies kann erreicht werden, indem Flächen nach Rewilding-Prinzipien bewirtschaftet werden. Das Ziel wäre es, Rewilding als integralen Bestandteil der Landmanagementpraxis einzuführen. Anbieten würde sich dies für Flächen, die ohnehin in öffentlicher Hand sind wie beispielsweise die meisten Naturschutzgebiete. Dort ist bei der Qualität der Bewirtschaftung auf der Wildnisskala durchaus noch Luft nach oben, denn in vielen Schutzgebieten ist die Nutzung durch Land- und Forstwirtschaft bzw. durch die Fischereiwirtschaft erlaubt. Eine strengere Regulierung könnte Schutzgebiete in wahre Wildnisoasen verwandeln. Auch eingedeichte Flächen an den Küsten, Braunkohleabbaugebiete und Teile der Alpenregion, in denen der Skitourismus voraussichtlich wegbrechen wird, kommen für den Rückbau der Infrastruktur und Renaturierung infrage[119]. Zwischen Artenschutz und Klimaschutz ergeben sich hierbei Synergien, wenn es darum geht, langfristig Kohlenstoff zu binden und Dürren und Hochwasser vorzubeugen. Die gewaltige Schnittmenge zwischen Klimaschutzmaßnahmen und Rewilding bietet eine großartige Chance, die Probleme in einem anzugehen.

Wälder und Landwirtschaft beanspruchen die größten Flächen in Deutschland. Mit rund 30 Prozent Wald und 50 Prozent Landwirtschaft und einer hohen Nutzungsintensität würde hier der Effekt eines »wilderen« Managements am deutlichsten zutage treten. Betrachten wir die Möglichkeiten in beiden Bereichen.

Forst oder Wald?

Was ist ein Wald? Und was ist ein naturnaher Wald? Die zweite Frage erscheint noch seltsamer als die erste, ist der Wald für viele Deutsche doch der Inbegriff von Natur. Ein Ort der Sehnsucht und Naturverbundenheit, in Gedichten, Liedern und Märchen beschrieben. Die meisten Menschen haben eher wenig Ahnung davon, wie ein wirklicher Wald aussieht. Kein Wunder, denn tatsächliche »Urwälder« gibt es in Europa kaum noch. In Deutschland sind nur 2,8 Prozent der Wälder ungenutzt und somit in mehr oder weniger natürlichem Zustand[120]. Und das bei einer Gesamtfläche von rund einem Drittel der Fläche Deutschlands. Wald – das ist mehr als eine mit Bäumen bestandene Fläche. Er ist ein komplexes, sich selbst regulierendes, äußerst vielfältiges Ökosystem, genauer gesagt das bedeutendste terrestrische Ökosystem auf unserer Erde. Doch haben heutige Wälder wenig mit dem zu tun, was vor Jahrtausenden in Mitteleuropa gewachsen ist. Nicht nur wurden Wälder gerodet, um Platz für Felder und Siedlungen zu schaffen, durch intensive Nutzung und Übernutzung hat der verbliebene Wald auch seinen ursprünglichen natürlichen Charakter verloren.

Schon im 19. Jahrhundert begann mit der sich entwickelnden Holzindustrie und der neu etablierten Forstwissenschaft ein Umbau des Waldes in Richtung Fichte und Kiefer. Diese oftmals standortfremden und natürlicherweise selten vorkommenden Nadelbäume wurden zu den »Brotbäumen«. Und der sogenannte Altersklassewald im Kahlschlagbetrieb wurde zum Betriebsmodell der Forstwirtschaft. Förster orientierten sich beim Anbau an landwirtschaftlichen Kulturen wie Getreide, der Wald war in erster Linie dazu da, Ertrag abzuwerfen[121]. Das Ergebnis dieser fast 200 Jahre währenden Praxis ist das, was wir als Wald kennen: überwiegend naturwidrige Nadelholzplantagen mit zwei dominanten Baumarten statt gemischten Laubwäldern vor allem aus Eichen und Buchen. Naturwidrig ist vor allem die Altersstruktur des Waldes, d. h. der Fakt, dass die Bäume alle gleichaltrig sind und üblicherweise nicht älter als 80–100 Jahre werden. Ebenso unnatürlich ist der aufgeräumte Charakter der Wälder, in denen Totholz nicht geduldet wird. Diese Industrieforste taugen kaum mehr als Waldlebensräume. Das Verschwinden von Tierarten wie Luchs, Fledermaus, Feuersalamander, Haselhuhn und weiterer Vogel- sowie Insektenarten ist eine der dramatischen Folgen.

Und diesem »Wald« geht es schlecht. Spätestens in den Dürrejahren 2018/2019 wurden die Probleme offensichtlich, als deutschlandweit Baumbestände zusammenbrachen. Vier von fünf Bäumen haben lichte Kronen, 90 Prozent der Wälder sind in schlechtem Zustand[122]. Auch der Borkenkäfer richtete großflächige Schäden an. Insgesamt ist ein Baumvitalitätsverlust historischen Ausmaßes zu verzeichnen. Seitdem ist von der Waldkrise – oder sogar dem »Waldsterben 2.0« – die Rede. In der Öffentlichkeit und auch vonseiten der forstlichen Institutionen und den Bundes- bzw. Landesministerien ist die Ursache schnell benannt und beispielsweise im sogenannten Waldzustandsbericht des Bundesministeriums für Ernährung und Landwirtschaft nachzulesen[123]: Verantwortlich sei der Klimawandel, der durch Trockenheit und Hitze die Wälder zum Kollabieren bringe. Doch diese Antwort ist zu kurz gegriffen und verdeckt die eigentlichen Ursachen der Krise. Gehen wir der Fragestellung einer Forschungsarbeit von Greenpeace nach: »Wären die Waldlandschaften in den von Trockenheit betroffenen Gebieten jetzt nicht von derartig katastrophalen Schäden betroffen, wenn es in Deutschland ausgedehntere dichte und weniger intensiv bewirtschaftete Laubwälder gegeben hätte und frühzeitig mehr Nadelbaummonokulturen in Laub- oder Laubmischwälder umgewandelt worden wären?«[124]

Wilder Wald

Schauen wir uns einen »wilden« Wald an, einen Wald, der nicht in der herkömmlichen Weise bewirtschaftet wird. Im Waldgut Jungenwald im Saarland ist es grün. Es ist grün auf allen Ebenen. Egal wo das Auge hinblickt, ob in die Baumkrone, auf den Boden oder auf irgendeinen Raum dazwischen, sind Blätter und Astwerk zu sehen. Im Vergleich zu den Forstplantagen in Reih und Glied herrscht hier fast wie in einem Urwald ein allgegenwärtiges Wachstum, ein dichtes Gemisch aus unterschiedlichsten Baumarten in allen Sukzessionsstadien. Fichte, Buche, Birke, Hainbuche, Eiche, Kirsche, Ahorn wachsen durcheinander. Auf dem Boden liegt Totholz, ab und zu stehen tote oder absterbende Bäume zwischen den gesunden. In alten, mächtigen Buchen sind Höhlen von Schwarzspechten, die auch Hohltauben und Fledermäuse bewohnen, zu sehen. Windwurfteller ragen mit ihrem Wurzelwerk in die Höhe, gesplitterte und abgebrochene Stämme sind keine Seltenheit. Auffällig sind auch ungewöhnlich dicke Bäume, mit 160 Jahren für deutsche Verhältnisse schon wahre Methusalems. Im Waldgut Jungenwald durften sie alt werden, zumindest so alt, wie es möglich ist in den 30 Jahren, die vergangen sind, seit der Wald aus der klassischen Forstproduktion genommen wurde. Drei Jahrzehnte sind in der Waldzeitrechnung ein Wimpernschlag.

Der Forstwirt Klaus Borger betreut den 143 Hektar großen Wald seit 1996, genauso wie viele weitere Waldflächen der Forstbetriebsgemeinschaft Saar-Hochwald[125]. Diese hatte sich gegründet, da es sich beim privaten Waldbesitz im Saarland überwiegend um Klein- und Kleinstparzellen mit ca. durchschnittlich 2500 Quadratmetern pro Flurstück handelt. Eine Bewirtschaftung solcher Flächengrößen ist kaum rentabel. Daher entstand die Idee, möglichst viele kleine Waldbesitzer:innen in einer Gemeinschaft zusammenzufassen, größere Bewirtschaftungs- und Pflegeeinheiten zu bilden und dadurch Selbsthilfeorganisationen zu schaffen. 1989 wurde schließlich die erste saarländische Forstbetriebsgemeinschaft im Landkreis Merzig-Wadern ins Leben gerufen. 1990 kamen mit »Vivian« und »Wibke« zwei Winterstürme, die einen Großteil der damaligen Fichtenmonokulturen zerstörten und damit ein Problem bislang nicht gekannten Ausmaßes schufen. »Das war die erste Bewährungsprobe für unseren jungen Verein«, erzählt Klaus Borger. »Uns war klar, dass wir mit diesen Schadflächen anders als bisher umgehen müssen.« Statt erneut Monokulturen mit Fichten und Douglasien zu pflanzen, arbeiteten sie an einem neuen Konzept. Seit über 30 Jahren versucht die Forstbetriebsgemeinschaft Saar-Hochwald, die heute auch unter dem Namen Waldschutzgemeinschaft Saar-Hochwald firmiert, auf den Flächen ihrer Mitgliedsbetriebe möglichst natürliche Wälder entstehen zu lassen. Das Ziel war, ganz im Sinne des Rewilding, den Wald dabei weitgehend sich selbst zu überlassen, um natürliche Prozesse wieder anzukurbeln.

Zu den Prinzipien gehört, eine gemischte Altersstruktur und ein Gemisch an unterschiedlichen Baumarten zuzulassen. In einem Naturwald bleiben alte Bäume stehen, die für das Ökosystem von ungeheurer Bedeutung sind. Genauso werden abgestorbene Bäume stehen und liegen gelassen (mindestens zehn

Prozent auf der Fläche), auch Höhlenbäume werden nicht gefällt. Das stehende und liegende Biotopholz übernimmt eine wichtige Funktion als Lebensraum für Insekten und Bodenorganismen, abgestorbene Stämme und Äste bieten Baumhöhlen und Nistplätze für Marder, Fledermäuse, verschiedenste Vögel und Insekten. Baumarten einer natürlichen Waldgesellschaft sollen sich selbst erneuern, das heißt aus Samen der vorhandenen Bäume entstehen und nicht künstlich angepflanzt werden. Den Böden – bislang mehr oder weniger nur als Mittel zum Holztransport gesehen – mit ihren Mikroorganismen, Mykorrhiza und Pilzen, kommt eine Schlüsselfunktion zu. Der Boden, sagt Klaus Borger, müsse bedeckt sein, er dürfe nie offen liegen. Denn »Vegetation reduziert die Verdunstung«. Grundsätzlich verboten sind unter anderem Kahlschläge, Monokulturen, Ansiedlung nicht heimischer Baumarten, Gifte, Dünger, Entwässern oder Verdichten des Bodens. Die Überzeugung der ca. 400 Mitglieder des ehrenamtlich organisierten Vereins: Die Art der Bewirtschaftung und die dadurch entstandene genetische Artenvielfalt ist entscheidend für die Resilienz des Waldes. Der Klimawandel, so Klaus Borger, bringe nun die Probleme lediglich ans Tageslicht und mache ein »Weiter so« der klassischen Forstwirtschaft unmöglich.

Die Erfahrung gibt den Vereinsmitgliedern recht: Um sie herum kollabiert vielerorts der Wald. Der Borkenkäfer hat auch im Saarland einen Großteil der Fichtenforste zur Strecke gebracht. Was die Ursache angeht, unterscheidet sich die Sicht auf das »Schadinsekt« fundamental. Die klassische Forstwirtschaft betrachtet die Hitze und Dürre, in der sich die Borkenkäfer stark vermehren, als Auslöser für den Käferbefall. Deshalb plädieren sowohl Forstbetriebe als auch die zuständigen Ministerien dafür, alle mutmaßlich von Käfern betroffenen Bäume möglichst schnell zu fällen und zum Schutz des Waldes von den Waldflächen zu räumen. Für Klaus Borger und die naturnahe Forstbetriebsgemeinschaft hingegen ist der Käfer lediglich die logische Konsequenz aus den Fehlern der vergangenen Jahrzehnte. Ein Massenbefall tritt vor allem in Wäldern mit gleichförmigem Baumbestand auf, der Käfer stellt also für gemischte Wälder meist kein Problem dar. Im Jungenwald bleiben die toten Bäume einfach stehen, und im Schutz des Totholzes wachsen bereits wieder Ahorn, Eberesche, Kiefer, Buche, Eiche, Birke heran. Innerhalb kurzer Zeit ist so ein struktur- und artenreicher, widerstandsfähiger, genetisch vielfältiger Wald entstanden – und das quasi von allein. Keiner der Neulinge hat offenbar ein Problem mit Hitze oder Dürre. Denn die toten Bäume haben einen kühlenden Effekt. Die umgefallenen Stämme verhindern nicht nur, dass der Boden durch Sonneneinstrahlung austrocknet. Das verrottende Holz trägt zur Humusbildung bei, wodurch sich die Wasserspeicherfähigkeit des Bodens und damit das Selbstkühlungsvermögen des Waldes erhöht. In Extremsommern schneiden die naturnahen Wälder auch in dieser Hinsicht bei Weitem besser ab.

Das Konzept naturnaher Waldwirtschaft wird nicht nur im Saarland verfolgt. Auch an anderen Orten in Deutschland gibt es Wälder, in denen alternative Ansätze zur klassischen Forstwirtschaft umgesetzt werden. Bekannt geworden ist das sogenannte »Lübecker Modell«, das vom Stadtforstamt Lübeck in den 1980er Jahren im Stadtwald Lübeck entwickelt wurde[126]. Seit 1994 wird dieses Modell zur naturnahen Waldnutzung umgesetzt und inzwischen unter anderem auch in den Wäldern der Städte Göttingen, Bonn, Wiesbaden und Uelzen angewendet. Das Konzept rief damals wie heute jedoch heftige Abwehr der forstlichen Fachwelt hervor und wird »von den meisten Staatsforsten und von vielen größeren Privatforsten als gesellschaftlich bedrohlich, unwirtschaftlich und praktisch undurchführbar beschrieben«[127]. Besonders unter betriebswirtschaftlichen Aspekten handele es sich um einen »ökozentristischen Irrweg«[128]. Doch auch hier widerspricht die praktische Erfahrung. Das Modell überzeugt nicht nur, weil es gesündere Wälder schafft, die in der Lage sind, sich auch in Zukunft dem Wandel anzupassen. Es lassen sich auch ökonomische Vorteile feststellen. Denn auch die Holzernte verläuft in naturnahen Wäldern nach völlig anderen Prinzipien.

Das beginnt bei der Baumauslese. »Das läuft ungefähr so wie im Urwald«, sagt Klaus Borger. So wählt er Bäume mit schlechter Statik oder ähnlichen Mängeln aus, die auch in der Natur eine geringe Chance hätten. Stämme über 60 cm Durchmesser lässt er stehen, um den Bestand alter Bäume zu erhöhen. Statt tonnenschwere Erntemaschinen, sogenannte Harvester, einzusetzen, die nicht nur breite Schneisen in den Wald schlagen, sondern auch die Bodenstruktur zerstören, ist im naturnahen Wald Handarbeit gefragt. Gesägt wird mit der Motorsäge, die Stämme werden entweder mit Seilwinden oder per Pferd »gerückt«, das heißt an den Wegesrand gebracht. Grundsatz ist, dass der Wald sein geschlossenes Bild behält: »Man soll dem Wald den Eingriff eigentlich gar nicht ansehen.«

Auch als Geschäftsmodell ist die Forstbetriebsgemeinschaft erfolgreich. »Wir haben finanziell die höchsten Erträge im Saarland«, sagt Klaus Borger. Zum einen werden durch die nur minimalen Eingriffe enorme Kosten gespart. So entfallen die Kosten für Aufforstung, Zaunbau und Wegereparaturen, für große Maschinen, für das Pflegen der aufgeforsteten Flächen. Diese Kosten fressen in herkömmlich bewirtschafteten Wäldern oft den Gewinn wieder auf, so dass der Holzeinschlag dort paradoxerweise unterm Strich nicht mal rentabel ist. Zum anderen erfolgt auch der Holzverkauf auf andere Weise: Im klassischen Forstbetrieb werden ein Jahr im Voraus sogenannte Forstwirtschaftspläne erstellt, in denen Menge und Art des Einschlags bestimmt werden. Das Holz wird dann im folgenden Jahr zum jeweils geltenden Preis verkauft. In der Forstbetriebsgemeinschaft gibt es keine Pläne, die Waldbesitzer orientieren sich flexibel am aktuellen Preis auf dem Holzmarkt. »Wir beobachten das Marktgeschehen«, sagt Klaus Borger. Wenn beispielsweise gerade die schwache Eiche in Frankreich einen guten Preis als Fassholz erzielt, werden die Vereinsmitglieder darüber informiert und können über Abholzung und Verkauf flexibel entscheiden. »Wir erzielen hier höhere Gewinne, weil wir warten, bis das Holz den besten Preis hat.«

Auch in Lübeck erzielen die Förster nicht nur ökologische, sondern auch ökonomische Vorteile, wie ein Vergleich von Inventurdaten des Lübecker Stadtwalds mit konventionell bewirtschafteten Vergleichsflächen zeigt. Der Lübecker Stadtwald kam auf eine 71 Prozent höhere Wertschöpfung als ein intensiv bewirtschafteter Nutzwald[129]. Die Schlussfolgerung der alternativen Forstwirte: Je weiter sich die Wirtschaftswälder in Deutschland einem »natürlichen« Zustand nähern, umso leistungsfähiger sind sie. Im Lübecker Buchenwald beispielsweise steht mit rund 1000 Kubikmetern Baumholz pro Hektar etwa dreimal so viel »Holzvorrat« wie im deutschen Durchschnitt. Die natürliche Produktivität, so die logische Konsequenz, lasse sich eigentlich kaum künstlich erhöhen. Auch in einem Urwald übertrifft die Menge an Festmetern pro Hektar die Mengen eines Wirtschaftsforsts deutlich. »Wir könnten also durch natürliche Wälder insgesamt mehr Holz bereitstellen«, ist der Saarländer Borger überzeugt. Es müsse auch darauf geachtet werden, langfristig Holzvorräte aufzubauen und Kohlendioxid zu speichern. Die Erfahrung zeigt auch hier: Wenn die Ökologie im Vordergrund steht, ergibt sich die ökonomische Rentabilität von allein.

Ein Problem der naturnahen Wirtschaftsweise liegt jedoch in der mangelnden Kompatibilität mit den Bedürfnissen der Holzindustrie. Die meisten Wirtschaftswälder bestehen aus den maximal drei bis vier Baumarten, auf die die Holzindustrie spezialisiert ist. Im Naturwald hingegen wachsen verschiedene Baumarten durcheinander – das entspricht nicht unbedingt der Nachfrage nach standardisierter Ware. Es müssten also alternative Vertriebs- und Verarbeitungsmöglichkeiten gesucht werden. Gleichzeitig explodiert aktuell die Nachfrage auf dem Holzmarkt. Hohe Preise sind auch mit minderwertigem Holz zu erzielen. Der Wald gerate dadurch immer stärker unter

Nutzungsdruck, sagt Klaus Borger. Dabei ist nach dem Grundsatzurteil des Bundesverfassungsgerichts von 1992 der öffentliche Wald schon längst nicht mehr dazu da, Geld zu bringen. Doch statt die Funktionen des Waldes im Hinblick auf Naturschutz, Erholung und Daseinsvorsorge zu fördern, liegt die Priorität oft noch immer auf maximalen Erträgen – auch bei Wäldern der öffentlichen Hand. So wird oft unter dem Vorwand angeblich notwendiger Waldpflege auch in Schutzgebieten Holzwirtschaft betrieben. Die Schutzgebietsregelungen sind sehr unübersichtlich, und es existieren oftmals verschiedene Nutzungszonen. Nur in wenigen Schutzgebieten ist das Fällen von Bäumen unzulässig, und so sind nur 2,8 Prozent der Waldfläche in Deutschland vor Holzeinschlag sicher, obwohl rund zwei Drittel der Wälder in Schutzgebieten liegen[130]. Sowohl in geschützten wie auch in Wirtschaftswäldern heißt das Kerngeschäft: Holzproduktion[131].

Die Erfahrungen aus der naturnahen Waldwirtschaft sind ermutigend und inspirierend. Sie eröffnen neue Perspektiven, stellen aber auch unser herkömmliches Wissen über den Wald und die bisherige forstliche Praxis infrage. Die Klimakrise macht deutlich, dass die alten Systeme der Waldbewirtschaftung nicht mehr funktionieren. Das zu beobachtende Verharren in alten Mustern und Denkstrukturen macht flexibles Reagieren auf die neuen Begebenheiten schwer. Die Kluft zwischen dem, was getan werden müsste, und dem, was getan wird, wird nirgends so deutlich wie beim Wald. Auf dem Weg zu einem zukunftsfähigen Wald, in dem nicht mehr die Nutzungsfunktion im Zentrum steht, muss aber auch die

Frage gestellt werden, wie wir weiterhin mit dem Rohstoff Holz umgehen. Es gilt, die Wachstumsspirale zu stoppen und zu einer anderen Ressourcenverantwortung zu kommen. Wie hoch der Holzverbrauch in Deutschland ist, zeigt eine Studie des WWF[132]. Pro Kopf wird in Deutschland doppelt so viel Holz verbraucht wie im weltweiten Durchschnitt, wobei der Verbrauch seit 60 Jahren konstant ansteigt. Besonders im Energie- und Bausektor, für die Herstellung von Papier und Verpackungen steigt die Nachfrage weiterhin immens. Die Studie rückt bei der Frage, wie der Holzverbrauch reduziert werden könne, das Recycling und die Kreislaufwirtschaft in den Fokus. Die industrielle Verbrennung von Holz zur Energiegewinnung als denkbar schlechteste Nutzung der begrenzten und wertvollen Holzvorräte dürfe erst am Ende einer Nutzungskaskade stehen.

Den Anteil an naturnahen und nutzungsfreien Wäldern zu erhöhen, ist im Sinne der diversen ökologischen und Erholungsfunktionen des Waldes mehr als sinnvoll. Die ohnehin sehr niedrig gesteckte Fünfprozentmarke an »Waldwildnis« ist noch immer nicht erreicht[133]. »Kunstforste« müssen wieder in natürliche Ökosysteme verwandelt werden und den vielfältigen Waldlebewesen als Lebensraum zur Verfügung stehen. Nichts tun ist auch hier das beste Rezept. Rewilding als Managementpraxis bietet sich besonders für Staats- und Kommunalwälder an, die ökonomisch nicht unter Ertragsdruck stehen. Dies macht immerhin knapp die Hälfte der deutschen Waldfläche aus. Aber selbst für Privatwaldbesitzer:innen lohnt die Umstellung auf das Lübecker bzw. Saarländer Modell. Ökologie und Ökonomie gehen hier problemlos Hand in Hand. Profitieren würden nicht nur Tiere, Pflanzen, Bäume und das Klima, sondern auch der Mensch.

Naturfreundliche Landwirtschaft

Auch beim größten Flächenfaktor Landwirtschaft (rund 50 Prozent der Fläche Deutschlands) wäre es sinnvoll, wo möglich, Land anders zu bewirtschaften und Rewilding-Prinzipien einfließen zu lassen. Dies bestätigt eine im Auftrag des NABU verfasste Studie, die Flächen in Deutschland identifiziert, die renaturiert werden könnten. Dazu gehört neben Wäldern auch artenreiches Grünland, das durch die intensivierte Landwirtschaft in den letzten Jahrzehnten massiv zurückgegangen ist. Wichtig sind aber auch ehemalige Moore, die von der Landwirtschaft als Acker- oder Grünland genutzt werden. 1,86 Mio. Hektar organische Böden werden derzeit für die Landwirtschaft dauerhaft entwässert. Bei einer Wiedervernässung würden sich auch die moortypischen Pflanzenarten wieder ansiedeln. Mittelfristig könnten sich torfbildende Vegetation entwickeln und Habitate für seltene und stark gefährdete Tierarten der Moore, Sümpfe und Feuchtgebiete entstehen[134].

Veränderungen im Bereich Landwirtschaft sind jedoch kompliziert, da das Land mit wenigen Ausnahmen von Privatbetrieben bewirtschaftet wird, die überwiegend von Agrarsubventionen abhängig sind. Es wäre notwendig, die EU-Subventionen stärker an ökologische Kriterien zu koppeln, als dies im neuen Förderzeitraum der Gemeinsamen Agrarpolitik ab 2023 vorgesehen ist[135]. Noch immer rechnet es sich für viele Landwirtinnen und Landwirte nicht, zusätzliche Maßnahmen zum Umwelt- und Klimaschutz (sogenannte freiwillige Öko-Regelungen) umzusetzen. Und die verpflichtenden ökologischen Maßnahmen (Konditionalitäten genannt) reichen kaum aus, die Umwelt- und Klimaziele zu erreichen. Auch wenn es bei der Landwirtschaft um Nahrungsmittelproduktion geht, die von gesellschaftlichem Interesse ist, ist es notwendig, die problematische Rolle der industriellen Landwirtschaft stärker ins Visier zu nehmen und zu einer naturnäheren Bewirtschaftung der Agrarlandschaften zu kommen.

Um die Artenvielfalt auf den Äckern zu erhöhen, eignen sich selbstverständlich ökologische Anbaumethoden, die auf den Einsatz von Pestiziden und Kunstdünger verzichten, am besten. Agrarökologische, biodynamische und regenerative Landwirtschaft sind Beispiele für Ansätze, die eine nachhaltige Landbewirtschaftung in den Mittelpunkt stellen. Im Zusammenhang mit einer »wilderen« Landwirtschaft sind aber auch zwei weitere Ansätze interessant: das sogenannte »land sharing« und »land sparing«[136].

Mit »land sharing«, auch als »wildlife-friendly farming« bezeichnet, ist die Verbesserung der landwirtschaftlichen Umgebung für Wildtiere und -pflanzen gemeint. Konkret bedeutet das, natürliche Landschaftselemente in die Agrarlandschaft zu integrieren. Beispielsweise können zwischen Feldern an Straßen, Wegen, Bach- und Flussufern Bäume angepflanzt, Hecken und andere kleine Gehölzgruppen angelegt werden. »Lebendige Zäune« aus Büschen und Sträuchern oder Natursteinmauern dienen als Lebensraum für Säugetiere, Reptilien, Vögel und Insekten. Blühstreifen sind besonders für Bestäuberinsekten von großem Nutzen. Auch Tümpel oder Brunnen helfen vielen Wildtieren, von Nistkästen oder anderen Nistplatzangeboten profitieren unter anderem Greifvögel wie Turmfalken und Eulen, die die Bestände kleiner Nagetiere kontrollieren. Von solchen Inseln aus können sich Rewilding-Effekte in die übrige Landschaft ausbreiten. Dies ist die Vision einer kleinteiligen Agrarstruktur mit vielfältigen Landschaftselementen, ähnlich wie es sie vor der Flurbereinigung in Deutschland gab.

Der »land sparing«-Ansatz bedeutet, Teile des Agrarlands absichtlich aufzugeben, um dort Wildnis entstehen zu lassen. Diese Methode wird eher selten mit Absicht verfolgt, meist sind es wirtschaftliche Gründe, die vor allem in Südeuropa (beispielsweise in Portugal, wie in diesem Kapitel an späterer Stelle beschrieben) dazu führen. Für viele Landwirtinnen und Landwirte, die in erster Linie Viehzucht mit Schafen, Ziegen oder Rindern betreiben, ist die Arbeit zu mühsam und der Ertrag zu gering. Junge Menschen suchen andere Einkommensquellen in den Städten. Rund eine Million Hektar Land fallen jedes Jahr in Europa aus der Nutzung[137]. Dabei handelt es sich insbesondere um Flächen in abgelegenen Bergregionen. Dies hat ökologische Auswirkungen. Wo die domestizierten Weidetiere fehlen, siedeln sich bald Sträucher und Gehölze an und überwachsen die artenreichen Wiesen. Für Rewilding bietet der Wandel geradezu paradiesische Voraussetzungen. »Wilde« Weidetiere wie alte Pferde- und Rinderrassen ersetzen die Nutztiere und halten die Landschaft offen. Die aufgegebenen Kulturlandschaften werden so zu neuen Naturgebieten, in denen sich wilde Pflanzenfresser und andere Tierarten wieder ansiedeln können.

Ein weiterer Grund, Agrarland aufzugeben, ist mangelnde Fruchtbarkeit des Bodens. Mit diesem Problem haben unter anderem in Großbritannien viele Landwirtschaftsbetriebe zu kämpfen: Bei einem sehr hohen Anteil von 70 Prozent Landwirtschaft sind viele der Ackerflächen von schlechter Qualität und nur bedingt für die Landwirtschaft geeignet. Diese Äcker hätten mehr gesellschaftlichen Nutzen, wenn sie aus der Produktion genommen würden, damit auf ihnen ökologische Vielfalt entstehen kann. Rewilding bietet – die finanziellen Eckpfeiler vorausgesetzt – eine interessante Alternative. Und eine Chance, die immer mehr Landwirte in Großbritannien ergreifen, wie Beispiele an späterer Stelle in diesem Kapitel zeigen.

Bei der Forst- wie bei der Landwirtschaft geht es um eine ausgewogene Kombination von Nutzung und Natur. Durch eine Bewirtschaftung, die der Tier- und Pflanzenwelt ihren Platz zugesteht, lassen sich Agrarlandschaften und Wälder wieder in lebenswerte Räume verwandeln – nicht nur für Tiere und Pflanzen, sondern auch für den Menschen.

Wilde Wirtschaft: Nature-Based Economy

Die europäische Rewilding-Bewegung will Wildnis schützen und wiederherstellen – und gleichzeitig eine wirtschaftliche Basis für den Menschen schaffen[138]. Dahinter steht die Einsicht, dass es nicht nur funktionierende Ökosysteme, sondern auch funktionierende, gesunde, auf Nachhaltigkeitsprinzipien basierende Ökonomien braucht. Konkret: Geschäftsmodelle, die sich für ein harmonisches Zusammenleben von Natur und Mensch einsetzen. Funktionierende, »wilde« Unternehmen.

Sozioökonomische Modelle, die die Entwicklung hin zu einer natur- und klimafreundlichen Zukunft voranbringen und gleichzeitig eine gute soziale und wirtschaftliche Grundlage schaffen, beschreibt der Begriff »Nature-based Business«. Zu ihm zählen Unternehmen, die die Wiederherstellung der Natur mit den Methoden des Rewilding zu ihrem Kernanliegen machen. Hinter dem Konzept steht die Überzeugung, dass Rewilding neue Betätigungsfelder, Arbeitsplätze und Einkommen generieren kann. Dies gilt in besonderem Maße für ländliche, oftmals wirtschaftlich schwache Regionen, die von Abwanderung und hoher Arbeitslosigkeit betroffen sind. Wie genau schaut sie aus, die »grüne«, regenerative Alternative zur extraktiven, auf Ausbeutung von Ressourcen basierenden Ökonomie, die »Nature-based Economy«?

Die Organisation Rewilding Britain hat eine Vision erarbeitet, wie lokale nature-based Economies aussehen können, in denen Gemeinden, Behörden, Landwirte, Fischer:innen, Waldbesitzende und Bürgerschaft an der ökologischen und ökonomischen Wiederherstellung ihrer »local communities« zusammenwirken[139]. Dabei geht es nicht nur um die Gründung einzelner Unternehmen. Vielmehr ist damit eine Strategie für den ländlichen Raum verbunden, in dem das Land mit Rewilding-Prinzipien bewirtschaftet und ins Zentrum der lokalen Wirtschaft gestellt wird. Ziel der Organisation ist, auf diese

Weise bis 2030 30 Prozent der Fläche Großbritanniens wieder zu verwildern. Die übrigen 70 Prozent stünden der intensiveren Nutzung zur Verfügung, wobei auch hier Kriterien der Nachhaltigkeit gelten müssten. Untersuchungen der Organisation zeigen, dass die Befürchtung, durch Rewilding gingen Arbeitsplätze verloren, unbegründet ist. Im Gegenteil: Nature-based Businesses schufen zusätzliche Arbeitsplätze. Mit der Umsetzung einer nature-based Economy sind allerdings auch kreative neue Arten der Finanzierung gefragt: Direktzahlungen für Ökosystemdienstleistungen, Steuererleichterungen, zielgerichtete Subventionen, »grüne« Anleihen, Crowdfunding und Ähnliches. Auch das zeigen die Daten der britischen Organisation: Bereits jetzt sind viele nature-based Businesses finanziell stabiler und profitabler als andere Unternehmen.

Tiersafari in Europa

Im Nordosten Portugals, nahe der spanischen Grenze zwischen dem Fluss Douro und den Maltaca-Bergen, liegt das Côa-Tal. Der gleichnamige Fluss Côa schlängelt sich hier durch steile Schluchten. Eine Landschaft, die geprägt ist von Felsen und Korkeichenwäldern, aufgelassenen Feldern und Wiesen, auf denen nun wilde Pistazien und Ölbäume wachsen. Diese Gegend ist Teil einer Region in Europa, die am stärksten von Landflucht betroffen ist. Aufgrund der nachlassenden Nutzung durch den Menschen wurde sie zu einem für Portugal einzigartigen Rückzugsort für seltene Tiere. Gänsegeier, die fast sonst überall in Europa ausgerottet sind, finden hier einen beinahe ungestörten Lebensraum. Der iberische Wolf durchstreift als Spitzenbeutegreifer das Gelände. Steinbock, Rothirsch und Rehe kommen in natürlicher Dichte vor. Wildkatze, Habichtsadler, Schwarzstorch und Fischotter haben sich wieder angesiedelt. Damit ist eine große Anzahl von Schlüsselarten vorhanden, die natürliche Prozesse wieder in Gang setzen, und neue Kreisläufe entstehen[140].

Im Côa-Tal wandelte sich bewirtschaftete Kulturlandschaft in wilde Natur. Einst prägte extensive Land- und Viehwirtschaft die Region, Schäfer, Ziegen- und Kuhhirten ließen hier ihre Tiere grasen. Doch lohnte sich diese mühsame Arbeit ökonomisch immer weniger, weshalb die meisten Kleinbauern ihren Betrieb aufgaben. Ohne die Beweidung durch Tiere drohte der Verlust der artenreichen Weiden und Wiesen. Um ein Zuwachsen zu verhindern, wurden statt der ehemaligen Nutztiere Wildpferde der urtümlichen portugiesischen Rasse Garrano sowie altiberische Sayaguesa- und Maronesa-Rinder ausgewildert, die gänzlich ohne den Menschen auskommen. Sie bilden die neue alte Megafauna, die hier schon vor Jahrtausenden gelebt hat, wie alte Felszeichnungen unter anderem von Wildpferden belegen. Und so wird hier und anderswo die Aufgabe der Landwirtschaft in ländlichen Gebieten, in denen widrige Bedingungen herrschen, zu einer Chance, neue Naturgebiete zu schaffen. Mit den passiven Methoden des Rewilding werden die vielfältigen mosaikartigen Strukturen der einstigen Kulturlandschaften erhalten, und zwar gänzlich ohne menschliches Management. Statt »gepflegter« Natur entstehen Ökosysteme, die aus sich heraus funktionieren und in denen verschwundene

Tier- und Pflanzenarten sich wieder ansiedeln. Außerdem ist die wilde Beweidung ein wirksamer Schutz vor Waldbränden, die gerade in Südeuropa ein gravierendes Problem darstellen. Die wilden Pflanzenfresser minimieren den Bewuchs an Sträuchern und Büschen und schaffen offene Flächen, die als natürliche Brandschneisen fungieren. Rewilding bietet auf diese Weise eine einfache, kostengünstige Waldbrandprävention.

Nicht nur die Artenvielfalt profitiert vom nachlassenden menschlichen Druck auf die Natur. Die neue Wildnis bietet auch dem Menschen neue Möglichkeiten. Nachhaltiger Naturtourismus hat den Einwohnern neue Einkommenswege eröffnet. Das Angebot an Outdoor-Urlauber:innen: Natur- und Tierbeobachtungstouren auf den Spuren von Wildkatze, Wolf, Luchs, Otter, Habicht, verschiedenen Adler- und Geierarten sowie einer Vielzahl weiterer Wildtiere. Mittlerweile gibt es eine Auswahl verschiedener Touranbieter, Naturführer und Unterkünfte, die die Rewilding-Ziele einer eigenständigen, wilderen Natur unterstützen und Menschen die Besonderheiten ihrer Umgebung nahebringen möchten. Zudem haben sich auch Familienunternehmen gegründet, die Produkte aus Wildsammlung oder nachhaltigem lokalen Anbau herstellen. Sie alle haben sich im Wild Côa Network zusammengeschlossen, um Synergien zu nutzen und dadurch das Unternehmensnetzwerk zu stärken[141]. Das Ziel von Rewilding Portugal für die nächsten Jahre ist es, die Möglichkeiten für nachhaltige, naturnahe Unternehmen auch in anderen Bereichen wie der Fleischproduktion oder Nichtholzprodukten auszuweiten und der lokalen Bevölkerung dadurch eine Alternative zur Abwanderung anzubieten.

Nachhaltiger Naturtourismus und europäische Safari-Erlebnisse werden im Rahmen vieler Rewilding-Projekte in Europa angeboten und ermöglichen der lokalen Bevölkerung, ihren Lebensunterhalt auf eine neue Basis zu stellen[142]. Auch im Oder-Delta verdienen Fischer:innen mittlerweile ihr Geld mit Naturbeobachtungstouren. Natursafaris sind in Europas neuen Wildnisgebieten, aber auch in sich entwickelnden Naturlandschaften zur wichtigen Einkommensquelle geworden.

Knepp: Die Farm der Tiere

Als Charlie Burell und Isabella Tree im Jahr 2000 ihren landwirtschaftlichen Betrieb im südenglischen Sussex aufgaben, ahnten sie nicht, welchen Grundstein für eine umfassende Transformation auf ihrem Grund und Boden sie damit gelegt hatten. Damals erlebten sie einfach nur das Scheitern eines dysfunktionalen Agrarsystems. Über Jahrhunderte war man auf dem Familienbesitz »Knepp Estate«[143] mehr schlecht als recht über die Runden gekommen: Die schweren Lehmböden waren »im Sommer wie Beton und im Winter ein unfassbarer Matsch«[144] und warfen in manchen Jahren kaum Gewinn ab. Als Charlie Burell den Betrieb in den 1980er Jahren übernahm, setzte er zunächst auf Modernisierung und Intensivierung. Er investierte in effektivere Maschinen, neue Milchkuhrassen und Chemikalien, doch langfristig halfen nicht einmal die Subventionen für die Milchkühe, den Kampf gegen die unrentablen Böden zu gewinnen und die Insolvenz des Betriebs aufzuhalten. Als noch die jahrhundertealten Eichen auf dem Land abstarben, beschloss das Ehepaar, nach 17 Jahren mühsamer und aussichtsloser Arbeit, einen Schlussstrich zu ziehen. Sie verkauften ihren gesamten Viehbestand, Mähdrescher und alle anderen landwirtschaftlichen Geräte. Aus einem Umweltprogramm der britischen Regierung für Landwirte erhielt das Ehepaar Gelder für einen Neuanfang: Sie umzäunten das gesamte Gebiet und ließen dort Longhorn-Rinder frei. Dazu kamen Damwild, sechs Exmoor-Ponys und zwei Tamworth-Schweine, allesamt alte Rassen. Kurz zuvor hatten sie von dem Rewilding-Projekt Oostvaardersplassen und der Megaherbivoren-Theorie gehört. Bei einem Besuch bei Frans Vera in den Niederlanden hat es schließlich gefunkt, und eine neue Idee war geboren. Statt der artenarmen Agrarwüste, die die beiden Jahr für Jahr zu bezwingen versuchten, sollte in Knepp Estate wieder Wildnis entstehen. Die großen Graser waren die Starthilfe für das Ökosystem auf dem Weg zur Selbstheilung. Und so begann die Verwilderung der Farm.

Innerhalb kurzer Zeit wurden Veränderungen sichtbar. Als Erstes kehrten alle möglichen Vogel- und Insektenarten zurück, darunter die Nachtigall, Feldlerche und Turteltaube, die in Großbritannien fast ausgestorben sind. Auf den ehemaligen Feldern wuchsen bald Wiesenmargeriten, Kuckucksnelken, Rotklee, Flockenblumen, Echtes Labkraut. Fledermäuse, Eulen und Schmetterlinge wie der Große Schillerfalter flatterten in nie dagewesener Fülle über die neu entstehenden Wiesen. Im Jahr 2005 wurden in einigen Teilen des Gebietes 13 verschiedene Schmetterlingsarten gezählt. 2014 waren es schon 23, insgesamt sind es heute um die 34.

Auch die Landschaftsstruktur begann, sich zu ändern, was vor allem an den ausgewilderten Tieren lag. Sträucher und Büsche breiteten sich aus, und in ihrem Schutz wuchsen Bäume heran, die auf diese Weise von den Pflanzenfresserherden verschont wurden. Die robusten Longhorn-Rinder mit ihren gekrümmten Hörnern haben ein besonderes Fressverhalten: Da ihnen die obere Vorderzähne fehlen, wickeln sie ihre Zunge um das Gras und reißen es ab. Mit ihren Hörnern ziehen sie Äste nach unten, brechen Zweige ab und fressen die Blätter, was einen ähnlichen Effekt auf Bäume und Sträucher ausübt wie das Beschneiden. Durch ihre Hufe, das Fell oder den Magen verbreiten sie die Samen vieler Pflanzen in der Landschaft. Die Tamworth-Schweine, die Charlie Burell und Isabella Tree als Ersatz für Wildschweine wählten, da diese in Großbritannien nicht vorhanden sind und die Auswilderung verboten ist, haben lange Beine und sind damit fast so schnell wie ihre wilden Artgenossen. Die Schweine graben und wühlen die Erde auf der Suche nach Wurzeln um und lockern dadurch den Boden auf, wodurch das Wachstum neuer Pflanzen stimuliert wird. Die Exmoor-Pferde sind wahrhaftige Urponys und für harte Bedingungen und kaltes, feuchtes Wetter ausgerüstet. Mit ihren weichen Lippen sind sie in der Lage, einzelne Pflanzenarten zu unterscheiden. Sie sind toleranter gegenüber härterem Gras und härteren Pflanzenteilen als die Rinder. Durch ihr unterschiedliches Fressverhalten ergänzen sich die Huftiere und tragen so zur Komplexität des Pflanzenwachstums bei. Durch das Trampeln der Huftiere entstehen zudem Pfützen im Lehmboden, in denen sich das Wasser sammelt. Diese über das Land verstreuten Mini-Seen verwandeln sich in Habitate für Pflanzen, Käfer und andere Insekten. Da die Weidetiere im Gegensatz zu ihren domestizierten Artgenossen keine Medikamente gegen Parasiten mehr bekamen, regte sich bald auch in Dunghaufen wieder Leben. Besonders bemerkenswert ist das Vorkommen des Veränderlichen Mistkäfers. Dungbewohnende Käfer haben eine enorm wichtige Funktion für die Bodengesundheit, da sie die Böden mit organischer Materie anreichern. Nach und nach entstand ein funktionierender Nährstoffkreislauf. Alle diese kleinen Bausteine, die sich wie verloren gegangene Puzzleteile wieder zusammenfügten, trugen zur Erholung des ehemals ausgebeuteten Lands bei. Auf Knepp Estate entstand innerhalb der letzten 20 Jahre eine Insel der Artenvielfalt inmitten einer agrarindustriellen Wüste[145].

Die Geschichte ist nicht nur die eines ökologischen Erfolgs. Auch ökonomisch hat sich die Umstellung des Betriebs gelohnt. Knepp Estate steht heute auf sehr viel stabileren Beinen als zuvor. Dabei macht man sich den Umstand zunutze, dass auf den Flächen – ähnlich wie auch in Oostvaardersplassen – natürliche Feinde der großen Pflanzenfresser fehlen. Um zu verhindern, dass die Herden überhandnehmen, werden Tiere getötet und das Fleisch verkauft. 75 Tonnen Biofleisch von frei laufenden Weidetieren, die keinerlei zusätzliches Futter erhalten, tragen jedes Jahr einen Teil zum Einkommen bei. Eine weitere Säule ist der Naturtourismus. Ob Safaris, Glamping oder Camping – Knepp bietet Interessierten vielerlei Möglichkeiten, die Tier- und Pflanzenwelt hautnah kennenzulernen. Die geführten Touren übers Gelände, Workshops zu verschiedenen Themen und die Unterkünfte in Baumhäusern, Jurten und Zelten sind nahezu das gesamte Jahr über ausgebucht.

Knepp Estate hat es in Großbritannien als Pionierprojekt des »Farmrewilding« zu einiger Bekanntheit gebracht und gilt mittlerweile als Vorbild für viele britische Landwirte mit ähnlichen Problemen. Die Organisation Rewilding Britain erhielt Hunderte Anfragen von Farmern, die Interesse an einer Umstellung ihres Betriebs bekunden. Dabei muss nicht unbedingt der gesamte Betrieb aufgegeben werden. Farmen wie Wild Ken Hill[146] im ostenglischen Norfolk arbeiten mit einer Mischkalkulation: Auf den ertragreichen Böden wird ökologische Landwirtschaft betrieben, während die unprofitabelsten Böden aus der Produktion genommen wurden. Anstatt mit viel Aufwand und wenig Ertrag Zuckerrüben anzubauen, lässt das Team einen Teil der ehemaligen Äcker seit 2018 langsam verwildern. Und auch hier weiden nun alte Rinderrassen, die die Vegetation in Schach halten und für komplexe Landschaftsstrukturen sorgen. Mit Workshops und geführten Touren zu verschiedenen Themen setzt das Familienunternehmen auf Naturtourismus und Bildungsangebote. Damit fuhren sie wirtschaftlich schon nach wenigen Jahren besser als mit der traditionellen Produktion. Auch auf Wild Ken Hill ist Camping und Glamping geplant sowie ein Besucherzentrum. Der Schlüssel ist ein breit gestreutes Angebot, um möglichst unabhängig von staatlichen Fördergeldern zu werden, die die Farm bislang noch aus einem Umweltförderprogramm bekommt. Der Umstand, dass 70 Prozent der Fläche Großbritanniens landwirtschaftlich genutzt werden und viele Böden kaum Gewinn abwerfen, macht deutlich, dass hier ein großes Potenzial liegt, um Ökologie und Ökonomie zu verbinden.

Wilde Gewässer

Das Meer vor der Lamlash Bay im Südosten der schottischen Insel Arran war einst berühmt für seine Fische. Die Fischereiflotte umfasste Hunderte von Booten, die 20 000 Tonnen Fisch fingen. Heringe, Kabeljau und Schellfisch gediehen, ebenso wie Steinbutt und Flunder, Seehecht und Heilbutt. Zum Fangfisch gehörten weiterhin Seezunge, Rochen, Seelachs, Scholle, Meeraal, Stör und die Makrele. Eine Fülle und Bandbreite, die in Europa außerordentlich war und die jahrhundertelang vielen Generationen traditioneller Fischer dank ihrer nachhaltigen Praktiken eine Lebensgrundlage geboten hatte. Bis 1985 aufgrund der steigenden internationalen Nachfrage das Verbot der Grundschleppnetzfischerei innerhalb einer Dreimeilengrenze vom Ufer aufgehoben wurde und die Schiffe der Industriefischer vor der Küste auftauchten. Während traditionelle Fischerboote nur einen Teil des Meeresgrundes erreichen, zerstörten die Schleppnetze Lebewesen und den Lebensraum am Meeresboden wie die Korallen und auch die Seetangwälder, die für das Aufwachsen der Jungfische wichtig sind. Die reichen Fischbestände kollabierten innerhalb kurzer Zeit. Bis zum letzten internationalen Meeresangel-Festival auf der Insel im Jahr 1994 waren die Fangraten um 96 Prozent gefallen.

Ein Jahr später starteten die Inseltaucher Howard Wood und Don Macneish eine Initiative. Schockiert über die Zerstörung der Unterwasserwelt in ihrer Heimat gründeten sie die Community of Arran Seabed Trust (COAST)[147], eine Gruppe von Aktivist:innen, um für eine nachhaltige Meeresbewirtschaftung einzutreten. zwölf Jahre lang führten sie eine Graswurzelkampagne, bis sie 2008 Erfolg hatten: In Lamlash Bay wurde die erste britische No-Take-Zone eingerichtet. Auf drei Quadratkilometern durfte fortan nicht mehr gefischt werden. Die sich anschließende Entwicklung wurde wissenschaftlich begleitet und die Auswirkungen dokumentiert. Und diese waren erstaunlich: Die Algenwälder, Korallen und Muschelbänke erholten sich. 2019 waren die Muschelvorkommen schon viermal so hoch wie in Nachbarregionen. Ähnliches war beim Hummer zu beobachten, der in der geschützten Zone viermal so häufig auftrat und größer war als anderswo. Und auch die Fischbestände wuchsen wieder auf ein gesundes Maß an. Die beiden Taucher gewannen nach und nach die Unterstützung der Inselbewohner:innen, indem sie sie für die faszinierende Unterwasserwelt direkt vor ihrer Haustür interessierten. Anhaltende Kampagnen mündeten 2016 in weiteren 280 Quadratkilometern Schutzgebiet im südlichen Arran-Meer, in denen Fischerei nur mit nachhaltigen Methoden erlaubt ist. Heute ist COAST ein Beispiel dafür, dass Rewilding nicht nur an Land, sondern auch im Meer funktionieren kann. »Die Schutzzone war das Beste, was uns hier passiert ist«, sagt Fischer Ian Cusick. »Die Fischbestände haben sich erholt und sind jetzt wirklich gesund.«

Und es ist ein Beispiel für eine Gemeinde, in der die wiedergewonnene Artenvielfalt zur Schaffung neuer Jobs und Unternehmen geführt hat. Denn das verwilderte Meeresökosystem zieht viele Besucher:innen an: Die Insel ist bei Tauchern und Schnorchlern beliebt, die sich gerne das faszinierende Leben auf dem Meeresgrund um Zirrenkrake, Kuckuckslippfisch oder Riesenhai aus der Nähe ansehen. Auch Schweinswale und Seehunde können wieder gesichtet werden und locken Naturinteressierte. Das 2018 gegründete Besucherzentrum hat unter anderem den »Arran Snorkel Trail« – eine Art Unterwasserlehrpfad – eingerichtet. Einige Unternehmen haben sich auf Kajaktouren und Naturbeobachtungen spezialisiert. Die No-Take-Zone nützt darüber hinaus auch dem Fischfang. In einem Report der schottischen Regierung von 2014 heißt es, es werde erwartet, dass die Reduzierung der industriellen Küstenfischerei zu mehr wirtschaftlichem Gewinn für eine breitere Bevölkerung führe. Besonders der Freizeitsektor schaffe eine große Zahl an Jobs – dabei würden mehr Arbeitsplätze neu geschaffen als durch die Einschränkung der Fischerei verloren gingen. COAST verfolgt nicht nur das Ziel, weitere Gewässerzonen in der Region zu schützen, sie wollen auch erreichen, dass die Bedeutung weitgehend ungestörter Meeresökosysteme für die Fischerei, die lokale Ökonomie und das Wohl der Menschen vor Ort anerkannt wird.

Gemeinsam wild: Landfreikauf

Nature-based Economies sind das Ergebnis eines Zusammenwirkens vieler unterschiedlicher Akteure an einem Ort. Oft entsteht dadurch ein Prozess, bei dem sich Menschen vor Ort organisieren, um ihre Region ökologischer, attraktiver und überlebensfähiger zu machen. Besonders in Großbritannien haben sich bereits viele Projekte und Initiativen gegründet, die im Rewilding die Chance sehen, die Zukunft in die eigenen Hände zu nehmen. Dabei kann die Umsetzung sehr verschiedene Formen annehmen.

Eines der größten und bemerkenswertesten Rewilding-Projekte, das durch die lokale Bevölkerung umgesetzt wurde, befindet sich im schottischen Langholm[148]. Im Jahr 2019 bot der Duke of Buccleuch, einer der größten schottischen Landbesitzer, 10 000 Hektar Land zum Verkauf an. Es handelte sich dabei um ein ehemaliges, jahrzehntelang entwässertes Moorgebiet mit Landwirtschaft und Wäldern, durch das der Fluss Tarras führt. Das Moorgebiet wurde stark für die Moorschneehuhnjagd genutzt, doch nachdem sich diese ökonomisch immer weniger rentierte, beschloss der Besitzer den Verkauf. In Langholm entstanden der Wunsch und die Idee, das Land in den Besitz der Gemeinde zu bringen und als wertvolles Naturhabitat wiederherzustellen und zu schützen. Um knapp die Hälfte des Landes zu kaufen, mussten jedoch 3,8 Millionen britische Pfund aufgebracht werden. Die »Langholm Initiative« startete eine Crowdfunding-Kampagne, und es begann ein Wettlauf mit der Zeit. Tausende von Menschen weltweit unterstützten das Vorhaben, auch Spenden verschiedener Stiftungen und privater und öffentlicher Geldgeber gingen ein. Innerhalb von sechs Monaten kam die Summe tatsächlich zusammen, und die Gemeinde konnte das Gelände erwerben. Damit entsteht vor den Pforten der Stadt das Tarras Valley Nature Reserve, um das Moorgebiet, die Wälder und die verschwundene Artenvielfalt wiederherzustellen – und Kornweihe, Birkhuhn und Brachvogel die Rückkehr zu ermöglichen. Moore und Wälder sollen außerdem zum Klimaschutz beitragen. Es geht daneben aber auch um die ökonomische Zukunft der Gemeinde. Businesspläne und Machbarkeitsstudien zeigten, dass das Projekt auch ökonomisch erfolgreich sein kann. Als Haupteinkunftsquellen sollen unter anderem die bereits bestehende Forst- und Landwirtschaft, die Vermietung von auf dem Gebiet vorhandenen Häusern und in kleinem Maßstab Solar- und Windenergie dienen. Der Fokus liegt allerdings auf einem nachhaltigen Naturtourismus sowie Bildungsangeboten für Schulen, auf Workshops und Events. Ein Bildungszentrum soll entstehen sowie ein Zeltplatz, viele weitere Ideen sind auf dem Weg. Mittlerweile wurde auch die verbleibende Hälfte des Moores durch eine zweite Crowdfunding-Kampagne erworben.

Langholm war ehemals einer der wichtigsten Standorte der Textilindustrie. Durch deren Niedergang hat die Stadt ökonomisch stark gelitten und kämpft mit den typischen Problemen vieler deindustrialisierter ländlicher Regionen: Abwanderung der jungen Menschen und Verfall aufgrund mangelnder Investitionen. Das Rewilding-Projekt ist insofern ein Prozess der Selbstermächtigung, als die Einwohner:innen die Entwicklung der Stadt in die eigenen Hände genommen haben. Es ist ein Beispiel, das zeigt, wie Bürger:innen sich für ein gemeinsames ökologisches und ökonomisches Ziel zusammenschließen und Land freikaufen, um es anschließend selbst zu verwalten.

Langholm träumt nicht nur von der eigenen Zukunft. Die Aktivist:innen möchten mit ihrem Projekt eine Blaupause für andere Dörfer und Gemeinden zur Verfügung stellen, um kreative und ökologische Antworten für Herausforderungen zu finden, die sich in vielen ländlichen Gebieten zeigen. Das Projekt steht in Schottland allerdings in einem speziellen Kontext, da sich ein Großteil des Landes im Besitz einiger weniger Privatpersonen und Körperschaften befindet. Um diese Konzentration aufzubrechen, geht die schottische Regierung eine Landreform an und unterstützt sogenannte »community buyouts« von Großgrundbesitzern an Gemeinden.

Landfreikauf findet indes nicht nur in Großbritannien statt. In etwas abgewandelter Form gibt es in Deutschland mit dem »Wildnisfonds« ein Förderinstrument der Bundesregierung für den Kauf von Flächen, auf denen zukünftig Wildnis entstehen darf[149]. Er richtet sich an Privatleute, Kommunen und Kirchenverwaltungen, die Land verkaufen und sich damit für den Naturschutz einsetzen wollen. Gleichzeitig soll der Fonds dazu dienen, das Zwei-Prozent-Wildnis-Ziel in Deutschland zu erreichen. 20 Millionen Euro werden jährlich dafür bereitgestellt.

Das Konzept funktioniert dabei folgendermaßen: Egal ob es sich um Wälder, Auen, Seen oder Meeresküsten, Moore, Bergbaufolgelandschaften oder ehemalige Truppenübungsplätze handelt, es muss ein Kriterium erfüllt sein: Die Fläche muss das Potenzial haben, sich zu einer Wildnis zu entwickeln. Nach dem Kauf oder Verkauf, der zu 100 Prozent durch den Bund finanziert wird, darf auf den Flächen keinerlei forst- oder landwirtschaftliche Nutzung mehr stattfinden. Die Natur darf sich frei entfalten. Die Umsetzung des ambitionierten Projekts stößt jedoch auf Hürden, denn zusammenhängende, große Flächen, die perspektivisch als Wildnisgebiete infrage kommen, sind in Deutschland kaum noch verfügbar.

Dennoch hat der Wildnisfonds dafür gesorgt, Natur dauerhaft aus der Nutzung zu nehmen: im Wildnisgebiet »Heidehof«[150] in Brandenburg beispielsweise, wo die Stiftung Naturlandschaften Brandenburg 73 Hektar hinzugekauft hat. Diese erweitern ein bereits bestehendes Wildnisgebiet auf einem ehemaligen russischen Truppenübungsplatz nun auf insgesamt 2000 Hektar. Hier entstehen natürliche Wälder, in denen auch der Wolf wieder eine Heimat findet. Im »Wilden Frankenwald«[151] überlässt die Stiftung Naturschutz Thüringen die neu erworbenen 318 Hektar wieder der Natur. Innerhalb der nächsten 15 Jahre soll hier unter Einbeziehung von Flächen des Nationalen Naturerbes ein mehr als 1700 Hektar großes Wildnisgebiet entstehen. Unter anderem Schwarzspecht, Schwarzstorch und Wildkatze sind hier im ehemaligen innerdeutschen Grenzgebiet zu Hause.

WildEast – 20 Prozent verwildern lassen

Die Ideenvielfalt, wenn es um gemeinschaftlich initiierte Verwilderungsprojekte geht, ist in der Tat groß. Ein letztes Beispiel erzählt von drei frustrierten Landwirten in Ostengland. Hugh Somerleyton, Argus Hardy und Oliver Birkbeck erlebten auf ihren eigenen Ländereien, wie rasant der Verlust an Insekten, Säugetieren und Vögeln voranschritt. Sie merkten zudem, dass es nicht reichte, individuell und vereinzelt ökologische Maßnahmen auf ihrem eigenen Land umzusetzen. Folglich entwickelten sie eine ungewöhnliche Idee. Gemeinsam hoben sie 2020 das

Projekt WildEast[152] aus der Taufe: ein Aufruf an alle Landbesitzer:innen der Region East Anglia, 20 Prozent ihres Landes der Natur zurückzugeben. Egal ob Bauern, Supermärkte, Industriebetriebe, Krankenhäuser, Kirchen, Schulen oder Privatpersonen – alle sind aufgerufen, 20 Prozent ihres Landes verwildern zu lassen. 20 Prozent sind das Minimum, das intakte Natur zum Überleben in hochgenutzten Landschaften braucht. Die Mission ist, Menschen dafür zu gewinnen, ihr eigenes Land zumindest zum Teil sich selbst zu überlassen: kein Mähen, kein Pflügen, keine Blumenbeete. Stattdessen zulassen, dass sich Gräser, Löwenzahn und andere wilde Arten ausbreiten können. Insgesamt 250.000 Hektar »eigen-williges« Land, sollen auf diese Weise zusammenkommen und in der stark von Landwirtschaft geprägten Region neuen Lebensraum für Wildtiere schaffen. Das ambitionierte Ziel: East Anglia will das größte zusammenhängende Renaturierungsgebiet der Welt werden.

Die ungewöhnliche Kampagne nahm schnell Fahrt auf, vor allem über die sozialen Medien. 8000 Hektar sind bereits zusammengekommen, auf der »Map of Dreams« übersäen bereits etliche grüne Markierungen den Ostzipfel der Insel. Die Botschaft, die die Initiatoren bewegt und die Menschen erreichen soll, lautet: Nicht warten, bis die Dinge sich ändern, sondern selbst Teil der Veränderung sein! Es sind zu einem großen Teil Privatleute, die Flächen von 50 Quadratmeter bis mehrere Hektar zum Projekt beisteuern – meist Gartenland. Die Kampagne richtet sich aber auch an Landwirte. Und das Interesse wächst, denn auch in East Anglia haben es viele mit teilweise unprofitablen Böden zu tun.

Grund für den hohen Anteil von 70 Prozent Landwirtschaftsfläche in Großbritannien ist unter anderem die Kampagne »Dig for victory« während des Zweiten Weltkriegs. Aufgrund der schlechten Versorgungslage und Hungersnot hatte die Regierung dazu aufgerufen, jedes verfügbare Stück Land umzupflügen und für die Lebensmittelproduktion zu verwenden. Viele Naturhabitate, aber auch Parks und Gärten, fielen auf diese Weise der Nahrungsmittelsicherung zum Opfer, und nicht alle Böden waren für die Landwirtschaft geeignet. Auch das Familiengut des Projektgründers Oliver Birkbeck war betroffen. Jeder brauchbare Quadratzentimeter Land wurde in Folge mit Zuckerrüben, Gerste und Weizen bepflanzt. Auch 80 Jahre nach der Krise sitzt der Zwang zur Produktion noch tief in den Köpfen. »Es wurde mir förmlich eingebläut, alles zu bewirtschaften«, sagt Oliver Birkbeck. »Doch wenn man sich die Zahlen anschaut, findet man heraus, dass das von der Ertragsseite eigentlich wenig Sinn macht. Es macht viel mehr Sinn, das Land der Natur wiederzugeben.«

Vor einigen Jahren hat er einige seiner Äcker stillgelegt. Auf ihnen grasen nun Rinder, Wildpferde und eine Herde Ziegen. Vielerlei Arten von Wildblumen sorgen für unterschiedliche Farbtupfer auf der Wiese. »Am Anfang haben Leute mich gefragt: Was machst du mit dem Land? Das ist total unverantwortlich!«, erinnert er sich an die ersten Reaktionen seiner Nachbarn. »Zwei Jahre später hat sich das komplett geändert. Jeder liebt mein Stück Land und sie kommen mit ihren Kindern und beobachten Vögel, fotografieren die Blumen und betrachten die Wildpferde mit ihren fliegenden Mähnen. Das gibt mir Hoffnung, dass Menschen ihre Meinung doch ändern können.« Die Vision der Projektgründer ist ein Modell, in dem ein kleiner Teil des Landes verwildert und der produktive Teil ökologisch bewirtschaftet wird. Auf diese Weise soll die Region mit ihrer Agrarindustrie in einen Naturpark verwandelt werden.

Auch das Dorf Risby in Suffolk hat sich WildEast angeschlossen. Sophie Flux ist die Initiatorin des Projekts »Risby – A Wildlife Friendly Village«[153]. Als ihr die abnehmende Artenvielfalt in ihrer Umgebung zum ersten Mal richtig bewusst wurde, beschloss sie, selbst aktiv zu werden. Sie hat nicht nur den Gemeinderat des 900-Seelen-Dorfs für die Idee gewonnen, sondern auch viele Bewohner:innen, Geschäftsleute, die Gemeindeverwaltung, die Schule. Arbeitsgruppen entstanden, der Gemeinderat gab Geld für Saatgut und Blumenzwiebeln, und die verteilten sie dann an alle Dorfbewohner:innen. »Die Leute haben auf unserer Facebookseite Fotos aus ihren Gärten gepostet. Das war im Frühling und Sommer ein Hoffnungssymbol, ich habe so viel Dank dafür erhalten. Es war wirklich großartig«, erzählt Sophie Flux. Nicht nur in ihren eigenen Gärten, sondern auch auf vielen der öffentlichen Gemeindeflächen säten Einwohner:innen Wildblumen, hängten Nistkästen und Insektenhotels auf. Sie organisierten Workshops, bei denen die Teilnehmer:innen lernten, Hibernarien für Reptilien zum Überwintern zu bauen, Habitate für Hummeln und Schwebefliegen sowie Miniteiche anzulegen. »Wir machen das, weil wir die Natur nicht verlieren wollen. Wenn wir die Bestäuber verlieren, was machen wir dann? Wir sind als Menschen eine Spezies, die die gleichen Rechte hat wie die Bienen, die Motten, die Igel.

Warum wollen wir alles dominieren? Das sollten wir nicht. Wir sollten in Balance mit der Natur sein, nicht gegen sie.«

Im Laufe eines Jahres haben die Risbyer:innen es geschafft, fast 20 Prozent der Dorffläche naturfreundlicher zu gestalten. Dazu gehören Areale um das Cricketfeld, um die Kirche, der Dorfanger. Am Gemeindesaal gibt es jetzt ein Mini-Feuchtbiotop. Egal ob Igel, Spatz oder Motte – fast jedes Tier findet in Risby Unterschlupf. Der Perspektivwechsel fällt nicht allen leicht. Gerade in England sei das Auge sehr an Ordentlichkeit gewöhnt, erzählt Sophie Flux. Doch hat das sich verwildernde Risby auch andere Ortschaften inspiriert. Seit einem Bericht im britischen Fernsehsender BBC erhalten sie viele Anfragen von Menschen, die Ähnliches in ihrem Wohnort umsetzen wollen.

Das WildEast-Projekt hat eine Diskussion in Gang gesetzt. Es geht dabei um gesellschaftliche Fragen rund um Lebensstil und Konsum, um ökologische Ernährung und nachhaltige Produktion. Es geht aber letztlich auch um die Frage, wer für den Schutz und die Wiederherstellung der Natur verantwortlich ist. »Ist das die Aufgabe der Regierung? Der Bauern? Oder ist das die Aufgabe eines jeden Einzelnen?«, fragt Mitgründer Hugh Somerleyton. »Wenn wir es ernst meinen, die Natur retten zu wollen, dann müssen wir alle unseren Beitrag leisten.« Die Botschaft, die WildEast aussendet: Es geht darum, einen Bewusstseinswandel im eigenen Umfeld anzustoßen und die Verantwortung dafür nicht allein der Politik zu überlassen. Auf diese Weise, das ist zumindest das Ziel, soll East Anglia eines Tages zum Vorbild einer wilden »regional nature economy« werden.

4
Rewild your Heart

Kontrollfreaks im Garden Eden

Stellen wir uns eine Terrasse vor. Davor ein Rasen mit kurzem, gepflegtem Gras. Eingerahmt wird der Rasen mit Blumenbeeten: ein Blütenmeer aus verschiedenen Blumen und Stauden, nach Farbe und Größe geordnet und aufeinander abgestimmt. Weiter hinten wachsen Sträucher und Gehölze, ein Kirschbaum steht am Zaun. Der Apfelbaum wurde im vorigen Jahr gefällt, er starb langsam ab. Der Ahorn war ebenfalls entfernt worden, das Laubrechen im Herbst machte einfach zu viel Arbeit. Auch die Tanne war gefällt worden, sie warf zu viel Schatten, und die Nachbarn hatten sich beschwert. Für die Rosen ist der Boden eigentlich nicht geeignet, sie bekommen regelmäßig im August einen Pilz. Doch dank Rosendünger und Antipilzmittel blühen auch sie recht prächtig.

Gartencenter halten eine unendliche Auswahl neuer Pflanzen parat. Bunt, pflegeleicht, robust – und wenn eine Pflanze nicht angeht, ist für Nachschub gesorgt. Es wird ausgerissen und neu gepflanzt. Der Erhalt der Pflanzenanordnung erfordert viel Pflege. Dabei nimmt das Gießen noch den geringsten Teil in Anspruch. Es muss geschnitten und gejätet werden. Ob Verblühtes, Überhängendes, Überwucherndes, Sich-selbst-Aussamendes, Totes, Verdorrtes, Unerwünschtes, kümmerlich Gewachsenes: Es wird entfernt, was nicht gut und ordentlich aussieht. Mit allerlei Gerätschaften wird das Moos von Steinen entfernt, Hecken werden gestutzt, Laub gesaugt.

Die Maulwürfe sind für den Rasen eine wahre Plage, es braucht immer neue Methoden, um ihrer Herr zu werden. Auch den Wühlmäusen geht es an den Kragen. Bei Vögeln wird unterschieden: Meisen werden gefüttert, Tauben und Stare machen Dreck, Elstern sind zu laut. Kommen Wespen der Terrasse zu nah, werden sie in Sirupfallen getötet. Läuse, Ameisen und Schnecken sind eine permanente Herausforderung. Gift ist dabei meist die einfachste Lösung. Das Ergebnis ist ein Paradies. Allerdings ein Paradies auf Erden.

Dies ist die Beschreibung eines Durchschnittsgartens in Deutschland. Rund 17 Mio. Privatgärten gibt es, zusammen nehmen sie eine Fläche von zwei Prozent des Landes ein. Die meisten Menschen lieben ihren Garten und verbringen ihre Freizeit damit, die notwendigen Dinge zu tun, damit er eine wahre Pracht wird. Blüten von Frühling bis Herbst, eine Freude für die Augen, vielleicht ein bisschen Obst im Sommer. Gärten sind Orte der Erholung, der Kontemplation, der Kunst. Gartendesign ist die Perfektion der Disziplin und ein Kulturgut, das durch die Jahrhunderte verschiedene Stilrichtungen hervorgebracht hat und in Parkanlagen zu bewundern ist. Und doch zeigt sich am Garten etwas, das nachdenklich machen würde, wäre es nicht so selbstverständlich.

Es ist eine bestimmte Weltsicht, die sich im Umgang mit dem Garten offenbart. Die Beziehung zum Garten steht stellvertretend dafür, wie wir Natur sehen und behandeln. Auch wenn es eine liebevolle Beziehung ist, so ist die Liebe sehr selektiv. Sie ist überschattet von Kontrolle und Ordnungstrieb. Wir bestimmen, was im Garten sein darf und was nicht. Wir entscheiden, welche Pflanzen an welcher Stelle wachsen, wir greifen ein, wenn etwas nicht den Vorstellungen entspricht. Das einzige Kriterium ist dabei unser Sinn für Ästhetik. Unser Empfinden von Schönheit ist der Maßstab, dem sich ein Stück Natur zu beugen hat. Vielleicht kommt mittlerweile bei einigen eine Freundlichkeit gegenüber Insekten und damit ein paar Pollenpflanzen dazu. Doch allgemein gilt: Haben wir ein Stück Land, werden wir zu wahren Kontrollfreaks. Selbst wenn manche sich in ihrem Garten weniger ordnungsliebend betätigen sollten, so steht dennoch außer Zweifel, wer zwischen den Zaunlatten das Sagen hat. Der Garten soll uns dienen, sei es zur Erbauung oder zum Ausleben von Kreativität. Er ist ein Freiraum, eine Spielwiese und, obwohl nicht wirtschaftlich genutzt, Objekt der Ausbeutung. Privateigentum, das dem Gutdünken des Einzelnen unterworfen ist zu Zwecken der Erholung und Entspannung. Ein Hobby.

Ist diese Sicht zu extrem? Ist der Garten nicht trotzdem noch eine Oase, in dem oft mehr Insekten und Vögel Platz finden als manch andernorts? Es geht nicht darum, Menschen ihre Freude am Garten madig zu machen. Genauso wenig geht es darum, bestimmte Praktiken zu verurteilen, oder um eine falsche oder richtige Art der Gartengestaltung. Es geht darum, den Garten mit der Rewilding-Brille zu betrachten. Damit ist nicht einfach gemeint, ihn verwildern zu lassen. Es ist vielmehr ein Gedankenexperiment, in dem wir unsere gewohnte Sichtweise infrage stellen und unsere Beziehung zur Natur prüfen. Es geht um das Infragestellen der eigenen Sichtweise, die wir für so normal halten, dass sie uns blind macht für andere Möglichkeiten. Damit wir erkennen, dass der Schlüssel zur Veränderung in uns liegt. Rewilding ist insofern mehr als nur eine Methode. Mit Rewilding ist eine bestimmte Haltung der Welt und allem Lebendigen gegenüber verbunden. Eine Haltung, die die Basis für alles Handeln darstellt. Dieser Haltung wollen wir uns in diesem Kapitel nähern, und wir beginnen im Garten.

Ein wichtiger Hinweis vorweg: Ich selbst habe nie einen Garten besessen. Ich bin zwar eine willige und begeisterte Helferin und gehe sehr gerne in Gärten anderer zur Hand. Hauptsächlich deswegen, weil ich so oft wie möglich draußen bin und dabei gerne mit den Händen in der Erde wühle. Ich finde es schön, mich mit Pflanzen auf eine »persönliche« Weise zu beschäftigen, indem ich mich um sie kümmere, ihnen beim Wachsen helfe, sie kennenlerne, ihren Duft einatme. Sie einfach nur zu berühren und sich an ihrem Anblick zu erfreuen, ist eine Wohltat, wenn der Blick sonst überwiegend auf Beton gerichtet ist. Dennoch halte ich mich am liebsten an die Pflanzen, die von allein wachsen und meiner Hilfe nicht bedürfen. Zugegeben: In einem Garten wäre dies ein bisschen eintönig. Doch hege ich seit Kindheitstagen eine ausgeprägte Abneigung gegen den kühlen Pragmatismus, der in gewissen Gärten üblich ist. Da werden Bäume gefällt, weil sie zu viel »Dreck« machen (womit das Laub gemeint ist). Im Frühling stört der Pollen, der die Gartenmöbel mit gelbem Staub überzieht. Es gibt viele Gründe, warum bestimmte Pflanzen oder Tiere in Ungnade fallen. Mir kam das schon immer herzlos vor. Auch wenn ich nie selbst verantwortlich war für Rasenmähen oder Laubharken, das Zurückschneiden, Aussäen oder andere Gartenarbeiten, weiß ich durchaus, wie mühsam die Pflege eines Gartens sein kann. Trotzdem erschreckt mich der Unwille, den Tieren und Pflanzen mit Wohlwollen und Verständnis für ihre – ja vielleicht auch schwierigen – Eigenheiten zu begegnen. Warum gelten für sie so harte Kriterien? Wieso nicht ein paar Extrastunden Laubharken im Herbst, wenn der Baum mich dafür das ganze Jahr erfreut? Wieso gibt es oft so wenig Toleranz und Entgegenkommen? Einfach, weil der Baum ein Recht darauf hat, dort zu stehen, wo er steht – die meisten existieren an einem Ort sogar schon länger als wir. Gartennatur soll aber das Unmögliche erfüllen: schön aussehen und dabei möglichst keine Arbeit machen, schon gar keine Extra-Arbeit. Die Pflanzen werden zu Objekten degradiert, die keinen Wert an sich haben. Sie werden ausgetauscht, wenn sie die Erwartungen nicht erfüllen. Diesen Blick gilt es zu hinterfragen. Wollen wir der außermenschlichen Natur unsere Empathie, den Subjektstatus verweigern? Wer möchte, kann feststellen, inwiefern die eigene Gartensicht von Kontrolle, von einem egozentrischen Blick geprägt ist. Gleichzeitig ist der Garten ein großartiges Übungsfeld, die eigene Sicht daraufhin zu justieren und eventuell zu einem anderen Naturverhältnis zu finden, das Pflanzen und Tieren mehr Eigenständigkeit, Lebendigkeit und Daseinsberechtigung zugesteht. Und: Macht es nicht viel weniger Arbeit, weniger zu tun und mehr sein zu lassen?

Christine Lange-Krüger ist das, was man eine passionierte Gärtnerin nennt. Sie hat ihren Garten zu einem Übungsfeld gemacht und befindet sich seitdem auf einer experimentellen Reise hin zu einem neuen Naturverhältnis. Ihre Gedanken dazu hat sie in einem Buch festgehalten[154]. Ihr Garten ist ein Meer aus Blüten, doch steht nach konventionellen Maßstäben alles ziemlich wild nebeneinander. Auch die Pflanzenarten sind ungewöhnlich. Da wachsen zum Beispiel Natternkopf und Kratzdistel neben Ehrenpreis und Heilziest. Wilde Verbene und Labkraut bilden dichte Inseln neben Büscheln von Lavendel, Oregano und Wildem Wermut. Dazwischen wiegt die Wilde Möhre ihre weißen Nester im Wind. Auch Steinklee und Mohn zählen zur unerschöpflichen Gartenartenvielfalt.

Obstbäume und Sträucher bieten im Sommer Nahrung für Mensch und Tier. Einen Rasen sucht man vergebens. Stattdessen gibt es einen Miniteich. Daneben die »Waldecke« mit Eberesche, Wildem Apfel, Robinie, Pfaffenhütchen und Schneeball. Wildrosen und Liguster umrahmen eine Pergola mit Wildem Wein. Ein Rundweg mit wassergebundener Decke führt um das Gelände: Es sollte auf keinen Fall Fläche versiegelt werden. Zwischen den Pflanzen führt ein Netz aus Trampelpfaden zu einigen Sitzgelegenheiten. Man muss sich teilweise den Weg bahnen, so dicht wächst alles. Ein lebendiges Miniaturhabitat auf knapp 900 Quadratmetern, in dem Vögel, Schmetterlinge, Bienen, Insekten aller Art umherfliegen.

Auch Christine Lange-Krügers Garten sah bis vor wenigen Jahren noch ganz anders aus. Doch angesichts schwindender Artenvielfalt und Klimakrise hat sie ihre Haltung grundlegend geändert. Es erschien ihr immer absurder, überzüchtete Kulturpflanzen einzig nach ihren eigenen ästhetischen Vorstellungen zu arrangieren und dabei die Auswirkungen auf Insekten, den Boden und die Diversität zu ignorieren. Sie stellte sich die Frage: Wie kann ich im Garten zur Artenvielfalt beitragen? Es begann ein Prozess der Neufindung, weg vom klassischen Anlegen von Beeten hin zu etwas Neuem, Naturnäherem. »Anfangs wollte ich noch bestimmte Farbkombinationen und Strukturen anlegen«, erzählt Christine Lange-Krüger. »Das habe ich relativ schnell aufgegeben und gedacht: die Natur lassen.« Der Natur zumindest weitgehend ihren Lauf zu lassen – das ist seitdem ihr Motto. Und damit begann auch die Suche nach einer neuen Rolle im Garten, nach einem Gleichgewicht zwischen Tun und Lassen. Das beginnt beim Pflanzen. »Um eine hohe Vielfalt zu erzielen, muss man ein Angebot machen, das geht nicht von allein. Aber dann schaue ich, wie die Natur damit umgeht. Was akzeptiert sie, was nicht?«

Statt der gezüchteten Kulturstauden hat sie vor allem Wildblumen und ursprüngliche Arten in ihrem Garten angesiedelt. Beispielsweise den Gewöhnlichen Natternkopf. Doch der ist anfangs nicht gut gewachsen, bis er schließlich an einer anderen Stelle auftauchte, die ihm offensichtlich bessere Bedingungen bot. »Auch die Malven wechseln den Standort und gehen mal hierhin, mal dorthin.« Und das, so Christine Lange-Krüger, sei in Ordnung, das könnten sie auch. Es ist die Geschichte vieler Pflanzen in ihrem Garten: Ein Kommen und Gehen, ein Anpflanzen und Schauen, wie sich die Pflanzen entwickeln. Wie die Prachtnelke, die wunderbar gedeiht und sich an anderen Stellen ausbreitet. Da gilt es nun aufzupassen, dass sie nicht zu viel Platz einnimmt. Wenn dies doch geschieht, dann greift Christine Lange-Krüger ein und schafft Ausgleich, denn sonst würden früher oder später einige wenige Pflanzenarten dominieren. Statt aber permanent gegen die Natur anzuarbeiten, waltet bei Christine Lange-Krüger in erster Linie Akzeptanz und Gelassenheit. »Die weißen und roten Spornblumen kommen an vielen Stellen. Hier haben sich Kornblume und Verbene hingesetzt. Und ich lasse sie! Der Lavendel sucht auch manchmal neue Stellen. Das ist doch schön. Ich schaue nur, wie sich die Pflanzen vertragen, und beobachte das.«

Und dann gibt es noch die Überraschungsgäste. Da sind zum Beispiel die Königskerzen, die sich von allein angesiedelt haben.

Kerzengrade wachsen sie mitten im Beet. Früher, als sie noch mit den Augen der Gärtnerin geschaut hat, hätte sie diese Struktur nicht akzeptiert. Da galt auch für sie noch die Maxime: In der Mitte des Beets stehen große Pflanzen, am Rand die kleineren, nach vorne hin Bodendecker. Christine Lange-Krüger befindet sich in einem Prozess, in dem sie viele alte Denkmuster bereits über Bord geworfen hat. Vor allem ihr ästhetisches Empfinden hat sich verändert. Verblühtes lässt sie jetzt oft stehen, seit sie gemerkt hat, dass die Samen den Stieglitzen schmecken. Es sind eigenständige Bewegungen und Prozesse, die in ihrem Garten stattfinden. Und Christine Lange-Krüger ist darin nicht mehr Gestalterin und Nutzerin. Es geht nicht mehr um sie allein und ihre Vorstellungen. Vielmehr ist sie Mit-Gestalterin, Beobachterin, eine Schiedsrichterin vielleicht, die reguliert und dafür sorgt, dass alle zu ihrem Recht kommen. Oft befindet sie sich in einem Zwiespalt. Was tun, wo eingreifen und wo nicht? Wo ist die Grenze? Welche Kriterien sollen nun gelten? Nicht immer hat sie eine klare Antwort. Was als naturnaher Garten begann, ist nun zu einem Lernprozess geworden, in dem es immer stärker darum geht, eine andere Haltung zur Gartennatur zu finden. »Ich begreife mich immer mehr als Teil meines Gartens. Besonders wenn ich mitten drinnen bin und alles beobachte, dann fühle ich mich als Teil! Ich fühle mich dazugehörig.«

Die Natur verliert ihre Seele

Nicht nur die Natur ist durch und durch kultiviert, auch der Mensch hat sich von der Natur wegzivilisiert. Das Gefühl der Dazugehörigkeit zu einem größeren natürlichen Zusammenhang, ein Eingebettetsein in ein soziales und ökologisch sinnvolles Gesamtsystem ist wohl den wenigsten Menschen zu eigen. Wir erleben uns überwiegend als von der Natur und voneinander abgetrennte Wesen. Die Gründe dafür sind komplex und wurzeln in einer Jahrtausende währenden gesellschaftlichen Entwicklung. Dennoch ist es wichtig, zumindest schlaglichtartig einen Blick auf einige Hauptmotive zu werfen, um zu verstehen, dass es sich nicht um eine Zwangsläufigkeit handelt oder in der »Natur des Menschen« begründet liegt. Auch hier gilt es, vermeintliche Selbstverständlichkeiten infrage zu stellen und sich zu öffnen für die Möglichkeit einer grundsätzlich anderen Realitätserfahrung.

Eine einschneidende Zeit stellte das Mittelalter dar, und dies hatte vor allem mit der Religion zu tun. Zuvor waren in Europa »heidnische«, unter anderem keltische und germanische Stämme heimisch gewesen mit einem animistischen, ganzheitlichen Naturverständnis. Die Welt nahmen sie als lebendig und beseelt wahr, was sowohl Tiere, Pflanzen als auch Steine, Berge, Flüsse und andere »Materie« umfasste. Trotz der Unterwerfung dieser »barbarischen« Völker und der zunehmenden Christianisierung hielten sich Elemente dieses Naturverständnisses zum Teil bis ins Mittelalter. Das »einfache Volk« glaubte weiterhin an Geister, säte, pflanzte, erntete im Einklang mit den

Jahreszeiten und verwendete Kräuter, Heils- und Zaubersprüche, es erlebte weiterhin ein Eingebettetsein in eine natürliche Mitwelt. Die animistische Ideenwelt wurde unter dem Deckmantel der neuen Religion fortgeführt, christliche Heilige und Feiertage wurden an die alten Rituale angepasst[155]. Mit der gewaltsamen Christianisierung ab dem 15. Jahrhundert setzte sich dennoch eine neue Ideologie durch und damit die Trennung von Geist und Materie[156]. Zudem schuf der christliche Glaube grundsätzlich die Basis für die Sichtweise, der Mensch sei nicht mehr nur ein Lebewesen unter vielen in einem Lebensnetzwerk des Miteinanders und der Gegenseitigkeit, sondern den anderen Lebewesen überlegen – ein Mythos, der es rechtfertigte, sich die Erde untertan zu machen.

Außerdem begann im 15. Jahrhundert auch der Kapitalismus als neues Wirtschaftssystem Fuß zu fassen. Eine wirtschaftliche Elite entstand, die sich Ressourcen wie Land und Bodenschätze aneignete, indem sie die Bauern de facto enteignete: Die Allmenderechte wurden in ganz Europa, vor allem aber in Deutschland und England, einfach aufgelöst. Durch den Allmende-Raub, den Prozess der Einhegung oder Einzäunung (das Land wurde buchstäblich eingezäunt), wurden die vormals gemeinschaftlich genutzten Flächen privatisiert, Bauern und bäuerliche Gemeinschaften wurden ihres freien Zugangs zu Land, Wäldern, Weiden, Wild, Fisch beraubt[157].

Eine rücksichtslose Nutzung der neugewonnenen Güter war mit dem Animismus und seiner Vorstellung von lebendigen Systemen und Verwandtschaftsbeziehungen der Lebewesen untereinander nicht zu vereinen. Die Natur musste zum leblosen Objekt, zur toten Materie herabgesetzt werden, damit ihr gewissenlos Bodenschätze und andere Güter entnommen werden konnten. Die ideologische Unterfütterung dieses neuen Narrativs lieferten auch Philosophie und Wissenschaft.

Der Vorstellung der Natur als einem lebendigen Organismus widersprach zum Beispiel der Philosoph und Mathematiker Thomas Hobbes, der in seiner Theorie als »Naturzustand« des Menschen eine asoziale Verhaltensweise beschreibt, in der der Stärkere gewinnt und Menschen nur dem eigenen Interesse folgen – bis zu Mord und Totschlag. Er prägte damit eine Sichtweise, nach der es galt, Mensch, Wildnis und Natur zu zähmen und zu kontrollieren. Einen positiven Naturzustand konnte Hobbes sich offenbar nicht vorstellen.

Eine herausragende Rolle spielte weiterhin der Naturwissenschaftler und Philosoph René Descartes, der die Unbeseeltheit und rein mechanische Funktionsweise der Natur nicht nur durch qualvolle Experimente an lebenden Tieren zu beweisen versuchte. Durch ihn kam auch der Dualismus von Geist und Materie in die Welt – die endgültige Abtrennung des Menschen aus seinen natürlichen Bezügen.

Es waren, kann man schließen, nicht die Bären, die Vögel oder die Flüsse, die uns die Freundschaft aufgekündigt haben – der Mensch hat der Natur die Freundschaft aufgekündigt. In dem Bestreben, die natürliche Welt zu unterwerfen, hat er den Vertrag mit der Welt aufgelöst. Wir verhalten uns nicht mehr wie ein Teil der Natur, als ein Partner der lebendigen Welt, von der wir abhängig sind. Stattdessen sind wir zu schrecklichen, tödlichen Nachbarn für fast alle anderen Lebewesen geworden. Der Dualismus zwischen Objekt und Subjekt, belebter und nichtbelebter Materie, die Überzeugung einer Überlegenheit des Menschen wirkt noch immer fort und bietet auch heute die Rechtfertigung für Ausbeutungsverhältnisse aller Art[158]. Und diese Weltsicht ist es, die uns an der Lösung der aus ihr resultierenden Probleme hindert. Auch in der Krise stünden noch immer wir im Mittelpunkt, kritisiert der Naturphilosoph Andreas Weber: »Es geht allein um unsere Rettung. Was aber, wenn unsere Rettung ohne die aller anderen Wesen nicht möglich wäre? Was, wenn es den Menschen allein gar nicht gäbe, sondern er nur als Teil einer Gemeinschaft lebendiger Bezüge, Sinn- und Nahrungsflüsse existierte?«[159]

Für eine Rettung, die alle Lebewesen und nicht nur uns umfasst, braucht es eine Rückkehr zu einem ganzheitlichen Denken. Dazu gehört, zu erkennen, dass wir kein ökologisches Problem haben, sondern in erster Linie ein ökonomisches – und ein weltanschauliches. Wir stehen vor den Trümmern überholter, lebensfeindlicher, von Anfang an schädlicher Denkstrukturen. Ein Problem kann jedoch selten auf der Ebene gelöst werden, auf der es geschaffen wurde. Dies trifft unsere aktuelle Situation ziemlich deutlich. Wir müssen eine neue Ebene finden, von der aus eine andere Perspektive auf unsere Situation möglich ist. Es gilt, unsere Weltsicht nicht mit der Welt zu verwechseln. Das Konstrukt als Konstrukt zu erkennen, schafft Abstand und lässt einen neuen Raum entstehen. In diesem Denkraum kann vielleicht etwas Neues entstehen. Wir leben in einer Welt, die dringend Heilung benötigt: Heilung von einem selbstzerstörerischen Denken, dem wir nicht nur die

Natur, sondern auch uns selbst unterworfen haben. Es braucht eine neue Erzählung, die uns wieder zu einem Teil des biologischen Teams auf Erden macht.

Eine Frage der Beziehung

»Jeder, der in der Stadt lebt, kennt das Gefühl, schon viel zu lange dort gewesen zu sein«, schreibt der britische Schriftsteller Robert Macfarlane in seinem Buch »Karte der Wildnis«. Von seinem Lieblingsbaum in Cambridge aus blickt er auf die Häuserschluchten, auf Glas und Ziegel, auf Beton und Asphalt. Immer stärker wächst in ihm die Leidenschaft für das Wilde und die Sehnsucht danach, die letzten unberührten Flecken auf der Landkarte zu entdecken. »Als ich an diesem Tag von meinem Ausguck auf die Straßen, das Krankenhaus und die zwischen den Feldern eingepferchten Wälder schaute, verspürte ich das dringende Bedürfnis, Cambridge zu verlassen und an einen entlegenen Ort zu gehen, wo klares Sternenlicht vom Himmel fiel und der Wind aus sechsunddreißig Richtungen wehte und nichts oder wenigstens so gut wie nichts auf menschliches Leben hinwies. Weit oben im Norden oder Westen, dort hatte in meiner Vorstellung die Wildnis überlebt, falls es sie überhaupt noch irgendwo gab«.[160]

Auf der Suche nach Wildnis, nach Naturverbundenheit, wandert Robert Macfarlane schließlich durch Gebirge, Moore und Wälder in Großbritannien und Irland. Er schwimmt zu entlegenen Inseln, schläft in Sandkuhlen. In der Tat ist er nicht der Einzige, der das untrügliche Gefühl hat, dass etwas Entscheidendes in seinem Leben fehlt. Auch mich treibt der Überdruss an Zivilisation und einem eingehegten, übersättigten Leben immer wieder raus aus der Stadt. Mit Zelt oder einfach nur einer Hängematte mache ich mich auf den Weg und wandere durch möglichst einsame Landschaften. Bewusst suche ich nicht nur die Abwesenheit von Menschen, sondern auch die Abwesenheit gewohnter Zivilisationsstandards. Das Schlafen auf dem Boden unterm Sternenhimmel, einfache Mahlzeiten, das langsame Fortbewegen, die wenigen Dinge und dennoch alles Lebensnotwendige im Rucksack dabeihaben, Körperhygiene im See oder Fluss – das einfache Leben ist für mich eine Besinnung auf das Wesentliche. Es ist eine Erfahrung der Selbstwirksamkeit: Was brauche ich wirklich? Womit komme ich zurecht? Es ist ein temporäres Abwerfen zivilisatorischen Ballasts. Ich verwildere. Gleichzeitig schaffen genau diese Erlebnisse wahre Glücksmomente. Das Erleben von Natur beglückt mich wie kaum etwas anderes. Es ist eine Unmittelbarkeit im Erleben meiner Umgebung und mir selbst – es entsteht eine Verbindung, in der nichts wichtig ist außerhalb des Moments. Es ist ein völliges Sicheinlassen auf die Gegebenheiten der Natur, die ich durchschreite. Neugierig, aufmerksam nehme ich wahr und übergebe mich damit einer Dynamik, die mich mit meiner Umgebung verbindet. Ich fühle mich als dankbare Beobachterin, als staunende Bewundererin, als aktive Teilnehmerin. Ich fühle mich dazugehörig.

Dieses Gefühl definiert der US-Biologe und Umweltaktivist Edward O. Wilson in seiner »Biophilie-Hypothese« als Verbindung, die der Mensch unbewusst mit dem Rest des Lebens sucht[161]. Das Gefühl der Abgetrenntheit hinterlässt eine Leerstelle und eine Sehnsucht nach Natur, die für viele Menschen spürbar ist. Wo ist das wilde Leben? Das moderne Leben hat uns entwildert. Wir bewegen uns überwiegend in Innenräumen und kennen kaum die Namen der Vögel, die am Fenster vorbeifliegen. Und schlimmer noch: Die kulturgeschichtlich entstandene Abgetrenntheit hat uns unempfindlich gegenüber dem Leid nichtmenschlicher Lebewesen gemacht.

Während ich dieses Buch schreibe, stoße ich bei meiner Zeitungslektüre auf einen Artikel über die Bewilligung neuer LNG-Terminals im Jadebusen. Per Schiff wird hier künftig Flüssiggas an Land gepumpt werden – eine Maßnahme zur Abwendung der Energieversorgungskrise. Es ist der klassische Konflikt zwischen Mensch und Natur, bei dem die Natur den Kürzeren zieht. In diesem Fall sind es die Schweinswale, die seit zwei Jahrzehnten wieder vermehrt im Nationalpark Wattenmeer, zu dem der Jadebusen gehört, leben. Das Problem für die Schweinswale ist der Lärm, den der Bau der Terminals verursacht. 150 Stahlpfähle müssen in den Boden getrieben werden. Die Geräusche, die das erzeugt, sind für das empfindliche Gehör von Schweinswalen unerträglich schmerzhaft. Sind sie zu nah an der Quelle, können sie betäubt zu Boden sinken oder dauerhaft hörgeschädigt werden, was ihren Tod bedeutet, denn Schweinswale sind bei der Nahrungssuche auf das Gehör angewiesen. Als »Schutzmaßnahme« sollen die Wale nun »vergrämt« werden, das heißt, sie werden durch unangenehme Geräusche aus der Bauzone vertrieben. Doch ist die Öffnung der

Bucht im Jadebusen klein, und es besteht die Gefahr, dass der Schall als Barriere funktioniert und die Tiere in der Bucht dadurch akustisch eingesperrt werden. Dann bleibt ihnen nur das schmerzhafte Warten am Meeresgrund. Es ist eine enorme Abspaltungsleistung nötig, um sich vom Leid der Wale abzutrennen. Doch auch die Grünen sind dazu in der Lage, angesichts der menschlichen (und wirtschaftlichen) Bedürfnisse, die – wie so oft – konsequent den Vorrang haben. »Aber sollte man nicht ein paar tote Tiere verschmerzen, wenn es um Deutschlands Energieversorgung geht?«, fragt ZEIT-Autorin Petra Pinzler. Die Wale täten ohnehin besser daran, sich ein neues Zuhause zu suchen, denn spätestens, wenn erst die großen Gasschiffe in Wilhelmshaven anlanden, wird es für Tiere ungemütlich. »Nur, wohin können sie noch?«, fährt die Autorin fort. »Wo lässt der Mensch dem Wal noch Platz? Wo all den anderen Tieren, die weniger niedlich sind, aber genauso wichtig für das maritime Ökosystem?« Denn obwohl große Teile der Nordseeküste unter Naturschutz stehen, wächst die Belastung der Nordsee durch menschliche Aktivitäten. »Was wir gerade erleben, sei die rasante Industrialisierung des Meeres: Da kommen Containerschiffe, Passagierschiffe und Riesentanker. Es gibt die Fischerei und militärische Übungsgebiete, Minensprengungen und Bohrplattformen. Unternehmen tragen Kies und Sand ab. Auch steht der Bau neuer Windräder an, der Meeresboden soll kilometerweit aufgebuddelt werden, um dicke Kupferkabel zu verlegen, die den Strom an Land transportieren. Das alles ist nicht gut für all die kleinen Lebensformen, die Muscheln, die Krabben, die Algen. Und es ist fatal für Tiere mit feinem Gehör.

Denn das Meer, das von oben gesehen wie ein weiter ruhiger Raum wirkt, wird unter der Oberfläche immer lauter. Es klingt für Wale immer öfter so, als ob Tiefflieger an ihnen vorbeisausen. Nur dass sie sich nicht die Ohren zuhalten können.«[162]

Auch in anderen Erdteilen verschwinden die Lebensräume. In Indien verlieren Elefanten ihre Heimat in den Wäldern zunehmend an die sich ausbreitende Landwirtschaft und Infrastruktur. Auf der Suche nach Nahrung stoßen sie immer häufiger mit Bauern und Bäuerinnen in den Dörfern zusammen. Rund 1500 Menschen sind dabei innerhalb von drei Jahren gestorben. 300 Elefanten wurden in Vergeltungsmaßnahmen getötet[163]. Ein sinnloser, überflüssiger »Krieg« zwischen Mensch und Wildtier um immer knapper werdende Ressourcen. Dieser Konflikt ist die Konsequenz der Tatsache, dass den Tieren immer weniger Raum zur Verfügung steht. Und es ist ein herzzerreißendes »Duell der Verzweifelten«: Verzweifelte Elefanten auf der Suche nach Lebensraum und Nahrung treffen auf verzweifelte Menschen, die ihre Ernte verteidigen.

Diese Beispiele stehen stellvertretend für die Jahrhunderte währende Geschichte der Ignoranz gegenüber den Bedürfnissen und dem Existenzrecht anderer Lebewesen. Es gab und gibt immer eine Begründung, die rechtfertigt, warum Tiere zu weichen haben. Nur haben sie mittlerweile keine Ausweichmöglichkeiten mehr. Dies ist Ausdruck der Trennung in ein »Wir« und »Sie«, in der das Verständnis fehlt, dass es im Lebensnetzwerk einseitige Gewinner nicht geben kann. Emotional ist diese Trennung nur möglich durch einen gewaltigen Verdrängungsprozess, ein Abspalten von den Empfindungen anderer Lebewesen, die unter unserem Handeln leiden. Wir spalten uns ab, weil sich der Schmerz schwer aushalten lässt. Während ich diese Zeilen schreibe, höre ich von der Vergiftung der Oder und dem Tod unzähliger Fische und vieler Lebewesen, die ich im Oder-Delta erlebt habe. Wie gehe ich damit um? Auch mein Impuls ist, zu verdrängen, den Schmerz nicht zuzulassen. Schließlich halte ich doch inne und es kommen Trauer und Tränen. Es wäre leicht gewesen, mit ein paar empörten Gedanken den emotionalen Abstand zu wahren. Aber es hätte sich wie ein Verrat angefühlt – den Menschen gegenüber, die sich seit Langem mit ihrer Kraft und Leidenschaft für die Region einsetzen. Aber auch der Natur gegenüber, die ich bei vielen Gelegenheiten kennengelernt habe, die ich versucht habe zu verstehen, deren Schönheit ich erfahren und beschrieben habe. Ich hatte eine Verbindung geknüpft. Wie kann mich die Tragödie emotional nicht berühren?

Es ist an der Zeit, tiefe Verbindung zur Natur aufzunehmen und sich von der Tragödie, die sich vor unseren Augen und doch weitgehend unbemerkt abspielt, berühren zu lassen. Es ist an der Zeit, den Dualismus zwischen Kultur und Natur aufzugeben, der für einen großen Teil der Natur wie auch für einen großen Teil der Menschheit kein Erfolgsmodell ist. Diese Trennung von der Zugehörigkeit zu einem fruchtbaren Ganzen ist für Philosoph und Biologen Andreas Weber eine Folge der Prägung durch die Kulturgeschichte der letzten Jahrhunderte. Er spricht von einer Kolonisierung des Denkens. »Um diese Kolonialisierung aufzudecken und um sie zu bekämpfen, ist es unabdingbar, denen, die von ihr zum Schweigen gebracht wurden, ihre Stimme wiederzugeben.«[164#]

Geben wir den Lebewesen ihre Stimme wieder! Wachen wir auf aus der kognitiven Dissonanz, die uns gefühllos und taub gemacht hat. Was es dafür bedarf, ist die Offenheit, unsere Weltsicht zu hinterfragen und durch eine allgemein lebensbejahende, alles Leben umfassende zu ersetzen. Es geht aber um mehr als nur um ein neues Denken. Es braucht einen Perspektivwechsel auf der Beziehungsebene. »Was wir brauchen, ist nicht mehr Wissenschaft. Wir brauchen eine neue Denkweise und eine soziale, transformative Bewegung, die Empathie, Mitgefühl und pro-aktives Handeln in den Mittelpunkt stellt.«[165] Kurz: eine neue Herzensbeziehung. Oder mit den Worten des amerikanischen Biologieprofessors, Tierforschers und Wildnisenthusiasten Marc Bekoff: »Rewild your heart!« Dies würde dazu führen, Natur nicht mehr permanent kontrollieren und bezwingen zu wollen, sagt Bekoff. »Meine Hoffnung ist, dass wir uns als Spezies von Mitgefühl leiten lassen, sodass das Leben jedes einzelnen Tiers von Bedeutung ist, wann immer wir gesellschaftliche oder persönliche Entscheidungen treffen. Auf diese Weise können wir beginnen, die Entfremdung und Abspaltung rückgängig zu machen, die derzeit unsere beschädigte Beziehung zur natürlichen Welt bestimmt. Mitgefühl wird auch dabei helfen, unsere beschädigten, entfremdeten und abgespaltene Beziehungen zueinander zu heilen.«[166]

Rewilding bedeutet, der Natur einen Willen und ein Eigenrecht zuzugestehen. Das erfordert eine Beziehung auf Augenhöhe, die in der Natur eine Partnerin sieht und ernst nimmt. Dafür müssen wir sie als Subjekt begreifen, womit die Trennung aufgehoben wird. Die rationale Weltsicht, die die Gefühlswelt ausklammert, führt zu jener Abspaltung des Teils in uns, der zur Empathie fähig ist. Für eine neue Naturbeziehung ist Empathiefähigkeit aber entscheidend, geht es doch darum, für die nicht-menschliche Welt Sorge zu tragen, Verantwortung zu übernehmen und die Perspektive und das Wohlergehen anderer Lebewesen im eigenen Handeln zu berücksichtigen. Ein Sprichwort lautet, dass wir nur schützen, was wir lieben. Aldo Leopold fasste mit seiner »Land-Ethik« einen ähnlichen Gedanken, dass wir uns nur ethisch gegenüber etwas verhielten, das wir sehen, fühlen, lieben oder dem wir anderweitig vertrauen würden[167]. Auf diesem Weg, mit einer Beziehung zur Natur, die von Zauber, Respekt und Demut geprägt ist, wird es eventuell gelingen, den Prozess der Heilung anzustoßen und zu einer Ganzheit zurückzufinden.

Auf Spurensuche: Die Fährte aufnehmen!

Am Rand eines Ackers bewegt sich eine Gruppe von Menschen mit gebeugten Köpfen langsam vorwärts. Immer wieder bleiben sie stehen, beugen sich noch näher zum Boden oder gehen in die Knie, betrachten etwas, legen die Köpfe schief. Holen Zollstöcke heraus, messen, stecken dünne Holzpfähle in die Erde. Dabei haben sie weder etwas verloren, noch wollen sie Land vermessen. Es sind Schüler:innen einer Wildnisschule im Hohen Fläming bei Berlin, und sie lernen das Spurenlesen. Damwild, Rehwild, Wildschweine, Dachse, Füchse sind nur einige der Tiere, die auf dem frisch gepflügten Acker ihre Spuren hinterlassen haben. Mal ausgeprägter, mal verwischt, mal mehrere

Trittsiegel ineinander, es ist nicht einfach, die manchmal ähnlichen Pfoten- oder Hufformen zu identifizieren. Paul Wernicke, Leiter der Wildnisschule, kniet auf dem Boden und schiebt seine Brille von der Nase, wenige Zentimeter über einem Abdruck. Handelt es sich um Rot- oder Damwild? Wie viele Tiere waren hier? In welcher Gangart waren sie unterwegs? Sieht das dort aus wie ein Sprung? Hier ist das Tier vielleicht ausgerutscht. Die Gruppe diskutiert angeregt Fragen, die für Außenstehende seltsam klingen. Warum will man das wissen? Warum ist das wichtig? Ich nehme an dem Spurenlesekurs teil, um herauszufinden, was eine »Beziehung zur Natur« konkret eigentlich bedeutet. Damit ist kaum gemeint, mit Mountainbikes Berghänge runterzurasen oder mit dem E-Bike Landschaft an sich vorbeiziehen zu lassen. Im Allgemeinen beschränkt sich unsere Beziehung zu Natur darauf, Ausflüge zu schönen Naturorten zu unternehmen, durch Landschaften zu wandern oder Rad zu fahren. Aktivitäten in der Natur sind oftmals damit verbunden, Natur als schöne Kulisse zu konsumieren. Natur als Objekt, das – ähnlich wie der Garten – in erster Linie nach ästhetischen Kriterien beurteilt wird. Aber ist eine Beziehung zur Natur nicht eigentlich mehr?

Auch der französische Philosoph und passionierte Spurenleser Baptiste Morizot versucht, der Naturbeziehung auf den Grund zu gehen und die Trennung in ein menschliches »Drinnen« und ein restliches »Draußen«, »das man als Wanderer durchschreitet, aber (das) kein Ort (ist), an dem man wohnt«, zu überwinden. Für ihn zeigt sich die Trennung etwa in der Redewendung »raus in die Natur gehen«. Als Alternativen erwägt er die Formulierungen »in den Busch« und »an die frische Luft« gehen. Doch verwirft er beide Optionen und kommt schließlich auf den Begriff »sich einwalden«, inspiriert von der Bewegung der Waldläufer von Quebec. »Man geht in den Wald, und zugleich zieht dieser in uns ein.«[168]. Doch trifft »sich einwalden« es wirklich? Zum einen geht es nicht nur um den Wald, zum anderen deutet die Notwendigkeit, sich »einzuwalden« auf einen Zustand der Abgetrenntheit hin. Was jedoch deutlich wird, ist die Qualität, die eine wirkliche Beziehung ausmacht: Sie ist nicht einseitig. Es ist der Versuch, Kontakt aufzunehmen und sich einzulassen.

Die Spurenleser:innen im Hohen Fläming tun genau das. Was anmutet wie ein etwas nerdiges Hobby, ist der Versuch einer Kontaktaufnahme mit der Welt der Tiere, die uns umgibt. Es sind Erkundungen einer Parallelwelt, eines Raumes, der nicht nur von uns genutzt wird, sondern auch von vielen anderen Lebewesen bevölkert ist. Wer teilt sich die Welt mit uns? Folgt man dieser Frage, bieten Spuren wertvolle Hinweise. Der Acker ist übersäht mit Abdrücken von Tieren, die vor nicht langer Zeit hier ihren Tagesgeschäften nachgegangen sind. Auch die Spuren eines Wolfes sind darunter. Es ist ein »Tatort«, und Spurenlesen ist Detektivarbeit. Wie im Krimi geht es darum zu rekonstruieren, was an einem Ort geschehen ist: Wer war hier? Was ist passiert?

Um diese Fragen zu beantworten, ist es hilfreich, so viel wie möglich über die Protagonisten zu wissen. Möchte man Kontakt mit Natur aufnehmen und mehr über ihre Bewohner erfahren, muss man sich sensibilisieren für die Sitten und Gebräuche der nichtmenschlichen Lebewesen. Es geht darum, ein Verständnis für ihren »Lebensraum« zu bekommen, der sich mit unserem überschneidet. Ihr Zuhause, in dem sie – ebenso wie wir – ihre Gewohnheiten pflegen und bestimmten Logiken folgen, die für uns nicht immer erkennbar sind. Möchte man Tieren begegnen, muss man versuchen, »aus der rein menschlichen Haltung herauszutreten, um anderswo Übereinstimmungen zu finden«[169]. Natur ist nicht nur ein Lebensraum bestimmter Arten – sie ist die lebendige Heimat von Pflanzen, Tieren und allen nichtmenschlichen Lebewesen.

Das Spurenlesen – so viel begreife ich schließlich – ist eine Form, die Perspektive der Tiere kennenzulernen und sich durch die Welt der Spuren ihren Lebensgewohnheiten anzunähern. Es ist ein Zugang von vielen, die Welt der nichtmenschlichen Lebewesen mit Neugierde, Respekt und Abenteuerlust zu erforschen. »Da fängt Beziehung an. Wenn du anfängst, etwas zu investieren«, sagt Paul Wernicke. Naturbeziehung ist ein aktives, emotionales, empathisches Kontaktknüpfen mit der natürlichen Welt. Ohne Aktion keine Interaktion – also keine Resonanz. Je mehr wir zugehen auf Natur, so Paul Wernickes Erfahrung, umso mehr kommt von ihr zurück. Sie verliert ihre Kulissenhaftigkeit und wird zu einem wahren 3D-Erlebnis.

Um das zu erleben, gibt es viele weitere Möglichkeiten, sich mit der Natur zu verbinden. Kennen wir die Namen und Eigenschaften von Pflanzen und Vögeln, wächst die Vertrautheit und Verbundenheit nicht nur mit ihnen, sondern auch mit den Orten, an denen wir sie vorfinden. Es verändert den Blick. Seit ich mich mit Wildkräutern beschäftige, ist auch mein Blick ein anderer. Was vorher ein undifferenziertes Grün war, hat durch Namen und Eigenschaften ein Gesicht bekommen. Die Pflanzen, die mir begegnen, »kenne« ich – zumindest zu einem Großteil. Ich freue mich, »alte Bekannte« zu treffen, die Unbekannten erwecken meine Neugier. Die Welt wird dadurch vertrauter, lebendig, abenteuerlich, freundschaftlich. Natur verliert ihre Abstraktheit und wird persönlich, da ich es mit Subjekten zu tun haben. Die achtsame Wahrnehmung stellt eine Verbindung her, die eine Brücke schlägt zwischen Welten, die sich normalerweise nur selten berühren.

Naturverbindung sei eigentlich das falsche Wort, sagt Paul Wernicke. Es signalisiere einen dauerhaften Zustand. »Es ist aber eher so, dass man sich jeden Tag und jeden Moment neu verbinden muss. Es heißt eigentlich Naturverbundensein.« Wenn der Wildnislehrer und »Voologe« wie er sich selbst mit einem Augenzwinkern nennt, durch die Landschaft geht, achtet er auf jedes Geräusch. Vor allem auf die Vogelstimmen. »Eine Rauchschwalbe!«, ruft er dann manchmal erfreut. Oder: »Ein Zilpzalp!« Den Ruf der Rauchschwalbe oder einer Gartengrasmücke wahrzunehmen, sie wiederzuerkennen und darüber etwas über sie und die Umgebung zu erfahren, schafft unmittelbare Verbundenheit. Genauso wie den Wind im Gesicht und Regentropfen auf der Haut zu spüren oder das Knacken im Unterholz zu hören. Der Warnruf eines Vogels zeigt an, wer in der Gegend unterwegs ist. Geknickte oder abgebissene Äste, angefressene Baumrinde sind Zeichen, die Tiere hinterlassen und mit deren Hilfe man eine Landschaft lesen kann.

Mit allen Sinnen vor Ort sein und wahrnehmen, ist deswegen

die erste Aufgabe der Wildnisschüler:innen. »Wenn ich in meinen Gedanken versunken bin, dann bin ich vielleicht mit etwas anderem verbunden, aber nicht mit dem Land.« Rausaufgaben nennt Paul Wernicke die Inspirationen, die er den Teilnehmerinnen und Teilnehmern seiner Kurse mit auf den Weg gibt. Dabei geht es darum, möglichst regelmäßig Erfahrungen mit der Natur zu machen. Beispielsweise einen regelmäßigen Sitzplatz einzurichten, das bedeutet, sich einen festen Ort in der Umgebung zu suchen und dort für einen bestimmten Zeitraum still und aufmerksam zu sitzen und auf diese Weise zum Teil des Ortes zu werden. Durch das stille Beobachten und Wahrnehmen entsteht die Beziehung, die eine zweifache Bewegung beinhaltet, wie es Baptiste Morizot beschreibt: Sie ermöglicht, einerseits achtsam in der Natur zu sein und sie gleichzeitig bei sich einziehen zu lassen. Erlauben, dass sie Besitz vom Sein ergreift und zu einem Teil des Eigenen wird. Sich anpassen, einstimmen, einschwingen, einwalden.

Sitzen wir ruhig und geduldig an einem Ort, werden auch Begegnungen wahrscheinlicher. Vögel, Eichhörnchen, Rehe, Dachs oder Fuchs zeigen sich plötzlich ohne Scheu. Es ergeben sich mitunter bewegende Augenblicke des gegenseitigen Erkennens. Das Wissen um die Anwesenheit von Tieren macht eine Landschaft lebendiger, reicher, aufregender. Das Fehlen von Begegnungen mit wilden Tieren hingegen hat eine emotionale Lücke hinterlassen. Es fehlen Erlebnisse, die Gefühle von Aufregung, Staunen und Entzücken in uns auslösen. Ich erinnere mich beispielsweise genau an die Begegnung mit einem Mastin in den spanischen Pyrenäen. Diese Hunderasse wird als Hütehund eingesetzt, die Tiere sind fast so groß wie ein Kalb, massig, mit riesigen Pfoten, riesigem Kopf und hellem Fell. Sie eignen sich deswegen so gut für ihre Aufgabe, weil sie sich komplett auf ihre Schutzbefohlenen einstellen, sogar Bären und Wölfe in die Flucht schlagen und meist völlig eigenständig – ohne menschliche Anweisungen – agieren. Dieser Mastin war, wie in der Region oft üblich, selbstständig mit einer Herde Ziegen in den Bergen unterwegs. Ich hatte die Ziegen bereits aus der Ferne wahrgenommen und fragte mich, wer sie wohl bewachen würde. Da stand plötzlich der Hund auf dem Weg. Aufgrund der Steigung des Geländes befand er sich ein bisschen oberhalb von mir, was ihn noch größer wirken ließ. Wie eine Statue stand er da und schaute mich an, unbewegt, beeindruckend, von Kopf bis in die Schwanzspitze konzentrierte Aufmerksamkeit. Ich habe keine Angst vor Hunden. In diesem Moment jedoch hielt ich den Atem an. Ebenso wie er blieb ich unbewegt stehen und schaute ihm in die Augen. Ich weiß nicht, wie lange wir so dastanden und uns anblickten, bis er den Kopf senkte und eine Wendung in Richtung seiner Herde machte, um die Ziegen zur Eile anzutreiben. Im Gehen drehte er sich noch einmal um, und er schien mir zum Abschied freundschaftlich zuzunicken, bevor er mit der Herde im Wald verschwand. Diese Begegnung hat sich mir eingeprägt. Vielleicht, weil ich selten ein Tier mit einer solchen Präsenz getroffen habe. Er bellte nicht, er drohte nicht, er stand einfach nur da, souverän, erhaben, sein Blick schien mich in meinem Wesen zu erfassen. Meine anfängliche Angst wich einem ungeheuren Respekt. Ich denke, es war ein Moment des gegenseitigen Erkennens, des tiefen Verständnisses. Eine distanzierte, nur Sekunden währende Freundschaft hatte sich in den wenigen Augenblicken unseres Zusammentreffens entwickelt.

Diese Art unvorhergesehener Begegnungen mit einem Tier kennen wohl die meisten Menschen, und es muss kein Bär, Delfin oder Wolf sein, um dabei beglückende Gefühle zu empfinden. Auch ein Eichhörnchen, ein Reh, ein Kaninchen, das sich nähert, kann ein Gefühl von Dankbarkeit hervorrufen, das Gefühl, etwas Einmaliges, Schönes, Erhabenes erlebt zu haben. Es ist eine reine Gabe, ein Geschenk. Die Beziehung, die dann entsteht, beruht auf wahrem Kontakt. Es ist eine Beziehung, in der, wie Morizot schreibt, »die Lebewesen, die Macht nicht verloren haben, ihre Sache in die eigenen Hände zu nehmen bzw. einander wieder die Hände zu reichen, das heißt neue Beziehungen zu den jeweils anderen Arten sowie zu den Menschen herzustellen, neue Verhaltensweisen, neue Entwicklungen zu erproben«[170]. Mit anderen Worten: Es entsteht eine Beziehung auf Augenhöhe.

Je länger man sich an einem Ort aufhält und je besser man ihn mit all seinen Bewohnern und Eigenheiten kennenlernt, umso mehr wächst das Verbundensein. Dieses Gefühl ist die natürliche Basis, um zu einem Hüter des Landes zu werden. Die Verbindung ist der Schlüssel, um Land vor Schaden zu schützen. Wer weiß, welche Artenvielfalt auf der Wiese zu Hause ist und wer sie als Lebensraum nutzt, wird Schwierigkeiten mit dem Bau eines Gewerbeparks an dieser Stelle haben. Die Zugehörigkeit führt dazu, dass Menschen, die die Bäume eines Waldes kennen, sich zu ihrer Rettung an sie ketten. Wer mit dem Fluss und den darin lebenden Fischen in der Nachbarschaft verbunden ist, wird zu verhindern suchen, dass Gift eingeleitet wird oder die Auen zugebaut werden. Die Verbundenheit führt so zu weiseren Entscheidungen, die das langfristige Wohl aller Lebewesen, die davon betroffen sind, im Blick haben. Wenn es uns gelingt, Natur in ihrer Seinsweise zu akzeptieren und mehr noch: in all ihren Formen zu schätzen, entsteht, so Morizot, eine Welt des Miteinanders, der Koexistenz. Es wäre der Beginn einer Gegenseitigkeit, in der der Mensch seine falsch verstandene Rolle als Herrscher über alle Lebewesen aufgibt, um stattdessen als Hüter:in der Erde zu wirken.

Um Hüter:innen der Erde zu werden, müssten wir auch unseren modernen Lebensstil überdenken. Denn der basiert auf einem Missverständnis. Die Kehrseite der zunehmenden »Freiheiten« wie beispielsweise mehr Mobilität, mehr Konsum, mehr Annehmlichkeiten, bessere und schnellere Kommunikationsmöglichkeiten ist die Ausbeutung und Unfreiheit der Natur. Unser Lebensstil beruht auf der Illusion, unsere Freiheiten seien ohne die Vernichtung eines Großteils der Biosphäre zu haben. Möchten wir die »Freiheiten« des westlichen Lebensstils behalten und die Bedürfnisse verteidigen, die über jedes Maß planetarer Tragfähigkeitsgrenzen gehen, muss uns dieser Zusammenhang klar sein. Die Alternative wäre, ein Zurückfahren von übermäßigem Verbrauch nicht als Verzicht zu empfinden, sondern als ein In-Balance-Kommen mit der natürlichen Welt und den Lebensgrundlagen, die uns tatsächlich zur Verfügung stehen. Ein Wandel ist naturgemäß angstbesetzt. Es erfordert, eigene Gewohnheiten und Ansichten zu hinterfragen, Bequemlichkeiten zu prüfen, die wir als selbstverständlich erachten. Doch muss Wandel nicht weniger Lebensqualität bedeuten. Schon jetzt ist die Zahl der Menschen groß, die zu einem Zurücktreten zugunsten der Natur bereit wären. Eine Umfrage in 14 europäischen Ländern ergab, dass eine Mehrheit der Menschen (zwischen 55 und 70 Prozent) der Umwelt den Vorrang geben würden, selbst wenn es dem Wirtschaftswachstum schade[171]. Weltweit geben rund 70 Prozent der Menschen an, dass ein Übermaß an Konsum den Planeten und die Gesellschaft gefährdet, dass wir weniger kaufen und besitzen sollten und dadurch das Glück und Wohlbefinden nicht beeinträchtigt würde[172]. Diese Zahlen sind Ausdruck einer Sehnsucht nach Veränderung. Mehr als die Hälfte der Menschen wäre demnach bereit, auch persönliche Konsequenzen zu ziehen. Und wäre es nicht vorstellbar, dass dieser Weg statt Verzichtserfahrung und Entbehrung ein tiefempfundenes, erfüllendes Glücksgefühl hervorbringt?

Tatsächlich gäbe es durch einen Wandel viel zu gewinnen. Der Soziologe Hartmut Rosa beschäftigt sich mit der Frage, was ein erfülltes Leben ausmacht[173]. Da der Zusammenhang zwischen Wohlstand und Glück nur zu einem bestimmten Prozentsatz funktioniert, hat er einen wichtigeren Glücksfaktor gefunden: Unsere Erfahrung in der Welt und unsere Stellung zu und in ihr. Er nennt diese Beziehungswahrnehmung zur Welt Resonanz, ein aus der Physik entlehnter Begriff, der ein Mitschwingen in einem System beschreibt. Resonanzräume entstehen, wo Einklang herrscht – und statt materieller Güter sind es solche intakten Beziehungen, die Lebensqualität, Glück und ein gutes Leben ermöglichen. Die Sehnsucht nach Resonanz sei groß, doch fänden wir sie aufgrund einer gestörten Weltbeziehung immer seltener.

Die Erfahrungen intakter Beziehungen und Resonanzräume in einer neuen, verwilderten Welt der friedlichen Koexistenz haben das Potenzial, zu einem glücklicheren, erfüllteren Leben beizutragen. Viele Studien beweisen mittlerweile den Zusammenhang zwischen Natur und körperlicher und seelischer Gesundheit. Demnach reichen täglich 30 Minuten im Grünen aus, um die Konzentration des Stresshormons Cortisol im Blut zu senken. Sogar eine erhöhte Konzentration von Immunzellen im Blut wiesen Wissenschaftler:innen nach, wenn Versuchspersonen eine Nacht lang Luft mit pflanzlichen Abwehrstoffen, sogenannten Terpenoiden, einatmeten. Bekannt sind die Studien aus Kliniken, die eine schnellere Gesundung bei Patientinnen und Patienten feststellen, die aus ihrem Krankenzimmer ins Grüne blicken. Ähnliches gilt für Gefängnisinsassen: Sie werden weit seltener rückfällig, wenn sie auf Felder und Bäume blicken als auf einen betonierten Innenhof. Natur tut gut.

Doch es geht um mehr als diese einfache Formel. Stellen wir uns eine Welt vor, in der Natur weitgehend intakt ist. In der wir zu einem harmonischen Miteinander gefunden haben, das frei ist von Schuldgefühlen gegenüber Tieren, die wir als reine Nahrungsmittel instrumentalisieren. Das frei ist von verdrängten Ängsten und Katastrophenszenarien, Nachrichten über sterbende Wale, sterbende Wälder, sterbende Weltmeere. Eine Welt, in der wir nicht mehr einzig um uns selbst kreisen und erkennen, was es auch heißen kann, Mensch zu sein: sich um das Wohl aller zu kümmern, Verantwortung für das eigene Handeln zu übernehmen und uns einzufügen in den Lebenskreislauf, den wir erst vor wenigen Generationen verlassen haben. Dies bedeutet nicht die Rückkehr zu Zuständen der Jäger- und Sammlergesellschaften. Genauso wenig wie Rewilding einen Zustand der Vergangenheit anstrebt, muss uns eine neue Naturverbundenheit in die Steinzeit zurückkatapultieren. Es geht um die Suche nach einem neuen Gleichgewicht, das in erster Linie ein konstruktives, langlebiges Funktionieren der Welt garantiert. Das Wissen und die Kenntnisse, die unsere jetzigen Gesellschaften angesammelt haben, sollten wir für eine Wende in ein wirklich grünes 21. Jahrhundert einsetzen, das uns zu Hüter:innen des Landes macht.

Da der Zusammenhang zwischen Wachstum des Bruttoinlandsprodukts und ökologischem Niedergang immer offensichtlicher wird, ist die Richtung des Wandels klar. Mehr als 200 internationale Wissenschaftler:innen appellierten 2018 in einem offenen Brief an die EU, das Kriterium des BIP-Wachstums aufzugeben und stattdessen das Wohlbefinden der Menschen und den Erhalt von Ökosystemen in den Mittelpunkt zu stellen[174]. »Degrowth« ist in diesem Zusammenhang der Schlüsselbegriff. Er bedeutet, den Ressourcenverbrauch massiv zurückzufahren und an den tatsächlichen Bedürfnissen auszurichten. Zudem geht es um eine faire Verteilung von Einkommen und Ressourcen und Investitionen in öffentliche Güter, die für ein gutes Leben nötig sind. Mittlerweile wächst die Liste an alternativen Indikatoren zum Bruttoinlandsprodukt, wie beispielsweise der »Better Life Index«[175] oder der »Genuine Progress Indicator«[176], auch die Kampagne »Beyond GDP«[177] nimmt soziale und ökologische Kriterien wie Wohnverhältnisse, Arbeitsplätze, Bildung, Gesundheit und Glück in das Messsystem auf. Wie auch immer der Zustand einer Gesellschaft gemessen wird: Der zentrale Gedanke ist, dass es ein Wachstum für das Wohlergehen von Gesellschaften nicht braucht. Verabschieden wir uns von dem Wachstumsdogma und dem zwangsläufig damit einhergehenden Raubbau an der Natur, rücken wir damit nicht nur das Wohlergehen von Tieren und Pflanzen, sondern auch von einem Großteil der Menschen in den Mittelpunkt. Rewilding sorgt dafür, einander Platz einzuräumen. Land wäre nicht mehr eine umkämpfte Ressource, sondern würde als gemeinsamer Lebensraum gesehen.

5
Auf zu wilden Ufern

In der Sackgasse

Um aus der ökologischen Zerstörungsspirale herauszukommen, braucht es fundamentale Veränderung. Lisi Krall schreibt in ihrem Aufsatz »Resistance«, es sei einfacher, an dem Bestehenden festzuhalten. »Es ist der Glaube, die kapitalistische Wirtschaft reformieren zu können und dadurch gleichzeitig

Arbeitsplätze zu schaffen, Armut zu beseitigen, zu wachsen (natürlich »grün«), den Klimawandel zu bewältigen, die biologische Vielfalt zu erhalten und uns dadurch in das gelobte Land des Fortschritts und an einen vollendeteren Punkt auf dem Kontinuum der menschlichen Entwicklung zu führen. Dieser Glaube ignoriert die Realität unserer Wirtschaftsgeschichte.«[178]

In der Tat ist es verführerisch zu hoffen, dass wir mit neuen Technologien, beispielsweise dem Wechsel zu erneuerbaren Energien und Elektroautos, weitermachen können wie bisher. Der pure Materialverbrauch, den diese Entwicklung trotzdem erfordert, wird die ökologische Krise weiter vorantreiben. Um dies an Zahlen zu veranschaulichen: Die Welt produziert heute jährlich acht Milliarden Megawattstunden mehr an sauberen Energien als im Jahr 2000. Gleichzeitig ist im gleichen Zeitraum der Energiebedarf um 48 Milliarden Megawattstunden gestiegen.[179] Dieses Missverhältnis wird voraussichtlich bestehen bleiben, denn wenn die Weltwirtschaft weiterhin wie geplant expandiert, wird sie sich bis zur Mitte des Jahrhunderts verdoppelt haben – das bedeutet doppelt so viel Extraktion, Produktion und Verbrauch. Wie soll dies funktionieren? Auch die »sauberen« Energien sind nicht wirklich sauber, sondern erfordern die Förderung von Metallen und seltenen Erden in Größenordnungen, die jegliches ökologische und soziale Maß überschreiten. Ein Entkoppeln von Bruttoinlandsprodukt und Ressourcenverbrauch ist dabei nicht möglich, da der Materialfußabdruck vor allem in den Industrieländern steigt und global befriedigt wird – das bedeutet, er wird vor allem auch in Länder des globalen Südens exportiert, die den Hunger nach Ressourcen stillen. Der Kern der Probleme liegt tiefer. Es ist es an der Zeit zu erkennen, dass wir uns mit unserer Lebensweise auf einem Holzweg befinden.

Die Schieflage zeigt sich besonders anhand der globalen Dimension der Klimakrise. Die Folgen der durch die westlichen Industrieländer verursachten ökologischen Krise bekommen vor allem die Menschen in Mosambik, in Madagaskar, in Pakistan, in Bangladesch und vielen anderen Ländern des globalen Südens zu spüren. Deren Existenzgrundlage ist durch den Lebensstil des Nordens massiv bedroht. Der belgische Schriftsteller und Historiker David Van Reybrouck sprach in seiner Eröffnungsrede zum Internationalen Literaturfestival Berlin 2022 von einer neuen Art des Kolonialismus, der sich mit anderen Mitteln fortschreibt: Genau wie durch die Kolonialherren der Vergangenheit würden die Menschen des globalen Südens ihrer Freiheit, ihrer Gesundheit und möglicherweise ihres Lebens beraubt. »Und das mit erstaunlicher Gier, Brutalität und Gleichgültigkeit. Wir tun so, als gäbe es sie nicht. Als gehöre ihr Land uns! Als sei ihre Welt unbewohnt. Als stände es uns frei, auf ihre Ressourcen zuzugreifen. Trinkwasser, fruchtbarer Boden, gesunde Luft: Wir vergessen, dass sie sie vielleicht selbst brauchen.«[180] Die reichsten 10 Prozent der Weltbevölkerung im globalen Norden (630 Millionen Menschen, vor allem in den USA und der EU) emittierten zwischen 1990 und 2015 52 Prozent der globalen Kohlendioxid-Emissionen.[181] Die Konsequenzen dieses Missverhältnisses veranschaulicht David Van Reybrouck an einem Beispiel: Während die Kohlenstoffemission eines Hirtenjungen aus dem Tschad gleich Null beträgt, hat er doch unter den Konsequenzen des Lebensstils seiner Altersgenoss:innen in Washington, Tokio oder Amsterdam zu leiden, indem sein Land sich weiterhin in eine Wüste verwandelt. David Van Reybrouck plädiert deshalb für eine neue Solidarität mit den betroffenen Ländern, für mehr Fairness und Gerechtigkeit. Dies ist zweifellos richtig. Doch liegt das Problem tiefer.

Zum einen erfordern mehr Solidarität, Fairness und Gerechtigkeit eine Überwindung der Gier, der Brutalität und Gleichgültigkeit. Um dies zu erreichen, müssten westliche Industrieländer aufhören, den globalen Süden in erster Linie als Quelle von günstigen Rohstoffen zu betrachten. Für mehr globale Solidarität, Fairness und Gerechtigkeit braucht es aber auch etwas anderes: ein Ende der Arroganz. Jack D. Forbes, ehemaliger Professor für Native American Studies an der University of California und Aktivist des Native American Movement, spricht von der Arroganz westlicher (in erster Linie europäischer und US-amerikanischer) Gesellschaften, die es ihnen erlaubt, sich als Herrscher aufzuschwingen und andere Menschen, Nationen, Lebewesen, ja selbst die Wissenschaft und den Weltraum mit ihrer Weltsicht zu dominieren[182]. Diese Arroganz entscheidet über das Schicksal der Welt. Es ist die Selbstverständlichkeit, mit der die westliche Weltsicht und Lebensweise zum Maß aller Dinge gemacht wurde, die es zu hinterfragen gilt.

In seinem Buch »Columbus and other Cannibals« analysiert Forbes den Unterschied zwischen westlichen und indigenen Weltanschauungen und die Konsequenzen für das jeweilige Handeln. »Selbstverständlich ist die Kosmologie oder Weltanschauung eines Volkes eng mit seinem Handeln verbunden. Die Weltanschauung beeinflusst das Handeln und das Handeln wiederum verrät uns etwas über die tatsächliche Weltanschauung. Man muss die Kosmologie eher oder mehr noch anhand der Taten beurteilen als anhand der Worte.«[183] Die Weltsicht ist demnach auch verantwortlich für die Art und Weise, wie wir uns in der Welt verhalten. In diesem Zusammenhang lohnt es sich, einen genaueren Blick auf indigene Weltanschauungen zu werfen. Warum waren viele Länder des globalen Südens offenbar besser in der Lage, ihren ökologischen Fußabdruck gering zu halten und Natur zu bewahren? Die Gründe dafür sind vielfältig und mit pauschalen Aussagen wird man den unterschiedlichen Lebensrealitäten nicht gerecht. Sicherlich ist die Antwort zum Großteil in Armut und den fehlenden ökonomischen Möglichkeiten zu suchen. Ich möchte jedoch der Frage nachgehen, inwiefern der Grund für ein größeres Gleichgewicht mit der Natur auch in einer anderen Weltsicht und Lebensweise zu suchen ist, die zumindest in Teilen der Welt noch vorhanden ist und die ebenfalls um ihr Existenzrecht ringt. Auch wenn die Realitäten indigener Gemeinschaften überall auf der Welt sehr unterschiedlich sind, lohnt es, sich mit ihren Weltanschauungen zu beschäftigen, haben sie doch oftmals eine Lebensweise beibehalten, die auf einem Miteinander mit ihrer natürlichen Umwelt basiert und Artenvielfalt eher fördert als reduziert.

Indigene Kulturen machen nur knapp fünf Prozent der Weltbevölkerung aus, doch ihre Territorien gehören zu den intaktesten und artenreichsten verbliebenen Ökosystemen der Erde[184].

Die Bewahrung dieser Territorien hängt zu großen Teilen davon ab, inwiefern indigene Gemeinschaften ihren traditionellen Lebensstil weiterführen können. Ihr traditionelles Wissen und ihre Interaktion mit der Umgebung sollten deswegen dringend verstanden und respektiert werden und einfließen, wenn es um Lösungsstrategien der ökologischen Krise geht, legen auch Wissenschaftler:innen nahe[185]. Im Kampf gegen die Zerstörung bedeutender Weltökosysteme nehmen Indigene eine wichtige Rolle ein. Während die brasilianische Regierung im Zusammenspiel mit Großkonzernen weiterhin den Regenwald im Amazonas abholzt, kämpfen indigene Gruppen als »Wächter:innen des Waldes« unter Einsatz ihres Lebens gegen die Zerstörung der grünen Lunge der Erde. Sie tun das nicht nur, um die Zerstörung und den Untergang ihres eigenen Lebensraums und ihrer Lebensweise zu verhindern. Sondern vor allem deshalb, weil sie erkannt haben, wie wichtig ihr Lebensraum für die Zukunft der gesamten Menschheit ist[186]. Dies ist ein Maß an Verantwortungsbewusstsein, das nicht allein auf individuellen ethischen Entscheidungen einzelner Menschen basiert, sondern auf einer Weltsicht, in der die Verantwortung gegenüber der natürlichen Welt untrennbar zum Sein gehört.

Angesichts der aktuellen existentiellen Probleme drängt sich die Frage auf, inwieweit wir an einem materiellen Denken, das auf Trennung basiert, festhalten können und dürfen. Wir stecken in der Sackgasse. Anstelle eines als alternativlos empfundenen Festhaltens am Bestehenden muss zunächst ein fundamentales Eingeständnis treten: WIR sind die Geisterfahrer:innen! Wir haben im Laufe der Geschichte die falsche

Abfahrt genommen und befinden uns auf Kollisionskurs mit dem Rest der Welt. Aber ist unsere Weltanschauung, unsere Sicht auf Natur und unsere Stellung in ihr zwangsläufig? Wenn wir diese Frage mit nein beantworten sollten, können wir neugierig sein auf Konzepte, die möglicherweise zu konstruktiveren Antworten führen.

Rewilding ist für mich auch ein kulturelles Verwildern: Es bedeutet, sich für alternative Sichtweisen zu öffnen und dabei grundlegend die Prinzipien des eigenen Denkens und Handelns zu hinterfragen und gegebenenfalls zu ändern. Konkret bedeutet es auch, Kulturen Respekt zu zollen, die es über Jahrtausende geschafft haben, mit ihrer Umgebung in Einklang zu leben, ohne dabei Mangel zu leiden, die ihre Lebensräume erhalten und für sie sorgen. Es ist an der Zeit, von Kulturen zu lernen, deren Kosmologien der Westen lange genug als Aberglauben oder Folklore abgetan und deren Menschen er ein »vernünftiges« Denken abgesprochen hat. »Der Weg ist frei, das Denken der Indigenen ernst zu nehmen. (…) Die radikal neue Haltung besteht darin, die scheinbaren Seltsamkeiten anderer Kulturen nicht nur zu tolerieren (…), sondern in ihnen Spielarten des Wirklichen zu sehen, an denen wir selbst teilhaben können«, formuliert es Andreas Weber.[187]

Indigene Lebensweisen sollen nicht romantisiert und auch kein Eskapismus betrieben werden. Es geht vielmehr darum, der Antwort näher zu kommen, wie ein Gleichgewicht zwischen Mensch und Natur funktionieren kann, darum, im Sinne von Jack D. Forbes, den Zusammenhang zwischen Weltsicht und Handeln als Voraussetzung für jenes Gleichgewicht aufzuzeigen. Indigene Kulturen sind vielfältig und komplex, es kann in diesem Rahmen nicht der Anspruch auf Universalität oder Vollständigkeit erhoben werden. Dennoch gibt es Prinzipien und Motive, die viele indigene Kulturen verbinden und die sich verallgemeinert den »westlichen« Prinzipien gegenüberstellen lassen. Lassen wir uns inspirieren von Menschen und Lebenskonzepten, für die ein Gleichgewicht bereits Teil ihres Seins darstellt.

Die Welt als Geschenk

Meine erste eindrückliche Begegnung mit anderen, nicht-westlichen Weltsichten ergaben sich bei einer »Slow Food«-Veranstaltung in Italien. Ich studierte an der Universität der Gastronomischen Wissenschaften und beschäftigte mich mit allen möglichen Themen rund um eine faire, saubere, nachhaltige Produktion von Nahrungsmitteln – ein Anliegen, das sich die »Slow Food«-Bewegung auf die Fahnen geschrieben hat. Bei der Konferenz mit dem schönen Namen »Terra Madre« waren nicht nur Erzeuger:innen von handwerklich hergestellten Lebensmitteln zu Gast, die ihre Produkte vorstellten. Es war auch ein Forum für Aktivist:innen, Lebensmittelproduzent:innen, Bauern und Bäuerinnen weltweit, um über Alternativen zur industriellen Lebensmittelproduktion, über Perspektiven einer nachhaltigen, überwiegend traditionellen und kleinbäuerlichen Lebensmittelwirtschaft zu diskutieren und sich auszutauschen. Unter den Teilnehmer:innen waren Menschen aus allen Kontinenten, Ländern und Realitäten, die mir fern und unbekannt waren, die Geschichten aus ihrer Heimat erzählten. Da war ein Bauer von einer Insel im Südpazifik. Obwohl sein Land auf der Liste der reichsten Länder unter den letzten Plätzen rangiert, fühlten sich weder er noch die meisten seiner Landsleute arm. Im Gegenteil: Sie empfänden ihre Lebensweise als äußerst erfüllend und betrachteten sich selbst als glückliche Menschen. Ein höheres Bruttoinlandsprodukt würden seine Landsleute mitnichten anstreben, ebenso lehnte er eine Veränderung der Lebensweise in Richtung eines westlicheren Lebensstils grundlegend ab. Da war eine Bäuerin aus Westafrika, die – gefragt nach einem traditionellen Rezept des Landes – ihre Erzählung mit der Schilderung begann, wie die Menschen in ihrer Heimat die Samen für das Gemüse aussäen. Wie sie die Pflanzen beim Wachsen begleiten und besingen, wie sie ernten, wie sie für die Ernte danken. Und erst danach ging es um das Kochen und wie aus den Gemüsegaben eine Speise entsteht. Ein Rezept vom Acker bis auf den Teller, mit Dankbarkeit als zentraler Zutat. Da war eine Frau aus Ostafrika, die von der Beziehung zu einem Löwen erzählte. Wie der Löwe auf sie aufpasste auf dem Weg vom Feld bis zu ihr nach Hause. Wie er spürte, als sie krank war, und er in der Nähe des Dorfes blieb, bis sie gesund wurde. Nicht die Tiere haben die Beziehung zu uns aufgegeben, wir haben die Beziehung zu ihnen verloren, sagte sie. Es waren Geschichten, von denen ich zum ersten Mal hörte, Geschichten, die von einer Welt berichteten, die ganz anders war und die ein Tor öffneten in eine Realität, die mir so viel freundlicher und lebenswerter erschien als die rationale Welt, der ich entstammte. Ist es die kindliche Sehnsucht nach einer Märchenwelt, die mich faszinierte, oder vielmehr die Ahnung, dass es mehr gibt zwischen Himmel und Erde, als wir begreifen können? Dass es andere Modi Vivendi gibt, die sich für mich richtiger, ehrlicher, gesünder anfühlen als die Prinzipien der Leistungsgesellschaft?

Reden wir zum Beispiel über Erdbeeren. In der Erzählung von Robin Wall Kimmerer, Biologieprofessorin, Autorin des Buchs »Geflochtenes Süßgras« und Leiterin des Center for Native Peoples and the Environment in den USA, sind die Erdbeeren, die sie in ihrer Kindheit gesammelt hat, Lehrmeister für zentrale Werte der Potawatomi, einem Volk der amerikanischen First Nations, dem sie angehört. Jedes Frühjahr wartete sie auf die Erdbeeren, beobachtete, wie sich die Blüten in Beeren verwandelten, bis sie reif und süß ihren Duft verströmten und – bereit waren, sich zu verschenken. Denn für Robin Wall Kimmerer waren die Erdbeeren ein Geschenk, das sie voller Dankbarkeit für die Großzügigkeit und Freundlichkeit der Pflanze annahm. Sie sammelte die Früchte für einen Erdbeerkuchen, den ihre Mutter zum Vatertag buk. So wurden die Erdbeeren zum doppelten Geschenk. Die Gabe der Erde verwandelte sich in eine Gabe an den Vater, und diese Kette des Gebens und der Dankbarkeit schuf ein Geflecht an Beziehungen untereinander, schreibt sie. »Geschenke der Erde oder von jemand anderem begründen eine besondere Beziehung, eine Art Pflicht zum Geben, Empfangen, und zum Erwidern. Das Feld beschenkte uns, wir beschenkten Dad, und wir versuchten, wiederum die Erdbeeren zu beschenken. Wenn die Beerenzeit vorbei war, bildeten die Pflanzen schlanke Ausläufer aus, um neue Pflanzen wachsen zu lassen. Mich faszinierte, wie sie über den Boden krochen und nach der richtigen Stelle zum Wurzelschlagen suchten, und so jätete ich kleine Stellen frei, wo die Ausläufer den Boden berührten. Bald würde der Ausläufer kleine Wurzeln austreiben, und im Herbst würde es dann noch mehr Pflanzen geben, die im nächsten Erdbeermond blühen würden. Das brachte uns niemand bei – die Erdbeeren zeigten es uns selbst. Weil sie uns ein Geschenk gemacht hatten, entstand zwischen uns eine anhaltende Beziehung.«[188]

In der Kosmologie indigener Völker gehören Erdbeeren niemandem. Sie können niemandem gehören. Sie gehören sich selbst. Sie können weder gekauft noch verkauft, sondern nur in Dankbarkeit empfangen werden. Geben und beschenkt werden ist etwas fundamental anderes als etwas zu kaufen. Während das Geschenk eine emotionale Bindung zwischen Schenkendem und Beschenktem herstellt, entledigt sich der Akt des Bezahlens genau dieser Beziehungen. Das Geld kauft sich frei von jeglichen Verbindlichkeiten. Der Akt des Kaufens degradiert die Gabe außerdem zur Ware. In einer »Ökonomie der Gabe« hingegen, so betont Robin Wall Kimmerer, sind die Geschenke nicht »umsonst«, sondern eingebettet in ein sich entspinnendes Beziehungsnetzwerk. Denn die Gabe verpflichtet zu einer Gegengabe.[189]

Wem gehören die Erdbeeren, wem gehört das Land? Privatbesitz ist in indigenen Kulturen unbekannt. Dementsprechend unterscheidet sich die indigene Vorstellung von Land fundamental von der unsrigen. »Land ist ein heiliger Ort«, sagt Robin Wall Kimmerer. »Es ist kein Ort, auf den man rechtliche Ansprüche erheben kann, sondern ein Ort, für den man eine moralische Verantwortung hat.«[190] Genauso wenig wie Erdbeeren können andere Pflanzen, Tiere, Berge, Seen, Land im Allgemeinen jemandem gehören. Alles gehört allen und wird gemeinschaftlich genutzt. Das Konzept der Allmende, das im Zentrum des Weltbilds steht, umfasst aber nicht nur das gemeinsame Nutzen. Es bedeutet auch das gemeinschaftliche Erhalten, Schützen, sich Kümmern, Beitragen. Auch hier spielt die Gegenseitigkeit eine Rolle und garantiert, dass das System »nachhaltig«, das heißt langfristig und fruchtbar, weiter existieren kann.

Die Stärke, die das Allmendeprinzip einer Gemeinschaft verleiht, war auch den US-Kolonisatoren ein Dorn im Auge. Sie versuchten folglich, die gemeinschaftliche Lebensweise, die Einigkeit und damit die Widerstandskraft der indigenen Stämme zu zerstören. Durch den »Dawes Act« von 1887 sollte die vollständige Assimilation der Einheimischen angestrebt werden, indem das bisher in Kollektivbesitz befindliche Land in den Reservaten privatisiert – das heißt auf einzelne Eigentümer aufgeteilt – werden sollte. Dazu schreibt Aram Mattioli in seiner Geschichte Nordamerikas über die Vernichtung der Angehörigen der First Nations: »Henry Dawes und seine Mitstreiter wollten das »Indianerproblem« dadurch lösen, dass die

Indianer »ich« statt »wir« und »das ist mein« anstelle von »das ist unser« zu sagen lernten. Ihnen sollte ein vermeintlich gesunder Egoismus eingeimpft werden. Denn: »Selbstsucht ist die Grundlage der Zivilisation. Bis diese Leute nicht einwilligen, ihr Land aufzugeben und es unter ihnen aufzuteilen, so dass jeder das Land auch besitzt, das er kultiviert, werden sie keinen großen Fortschritt mehr machen«, verkündete Senator Dawes (...)«.[191] Schärfer könnten sich die verschiedenen Weltbilder gar nicht gegenüberstehen: Egoismus und Fortschrittsglaube auf der einen Seite und die Allmende mit dem Fundament im gemeinschaftlichen Sorgen und Versorgen, Erhalten und Bewahren auf der anderen. Dieses gemeinschaftliche Sorgen, das Gefühl von Verantwortung, das daraus für das Land und das Fortbestehen der Fruchtbarkeit des Systems entsteht, verhindern ein kurzfristiges Profitdenken im Interesse weniger. Entscheidungen werden im Sinne aller gefällt, im Hinblick auf die Zukunft künftiger Generationen. Die Natur und das Wohl der Gemeinschaft hat Priorität, da es ein Bewusstsein dafür gibt, dass die Zukunft von deren Funktionieren abhängt.

Auch in einem weiteren Punkt unterscheiden sich die Weltanschauungen fundamental von unserer. Statt einer hierarchischen Struktur, in der der Mensch an der Spitze der Schöpfung steht, besitzt im indigenen Denken ein jegliches Subjekt bzw. als beseelt geltendes Wesen dasselbe Daseins- und Existenzrecht. »Die Traditionen der amerikanischen Ureinwohner weisen uns darauf hin, dass alle Formen des Lebens, einschließlich Menschen, Tiere, Vögel, Pflanzen und Insekten, Kinder derselben Eltern sind. Die Erde ist unsere Mutter und das Große

Mysterium oder die Große Schöpferische Kraft wird als unser Großvater oder Großmutter-Großvater gesehen.«[192] Diese Verwandtschaftsbeziehungen mit allen Lebewesen führen zwangsläufig zu einer gleichberechtigten Beziehung, zu einer tiefen Verbundenheit mit allen Formen der Existenz. Dies ist der Grund für die große Achtsamkeit und den Respekt, mit dem sich Indigene in ihrem natürlichen Kontext bewegen, möglichst, ohne Störungen oder unnötiges Leid zu erzeugen. Die amerikanischen Ureinwohner, so Jack D. Forbes, vermieden es, Bäume zu fällen oder Pflanzen zu zertrampeln. Und selten töteten sie Tiere, und wenn, dann als Nahrung.

Diese Achtsamkeit spiegelt sich auch in der Ernte wider. Robin Wall Kimmerer nennt die Kunst des Nehmens die »Ehrenvolle Ernte«. Wenn sie im Frühling den Wilden Lauch im Wald sammeln will, dann folgt sie einem Ritual: »Mit als Erstes erscheinen im Frühling die dichten Bestände von wildem Lauch, einer dem Bärlauch ähnlichen Pflanze, bei der Knollen und Blätter essbar sind, in einem so strahlenden Grün, dass sie wie eine Leuchtreklame verkünden: PFLÜCK MICH! Ich widerstehe dem Drang, sofort auf seinen Ruf zu reagieren, und spreche die Pflanzen stattdessen an, so, wie es mir beigebracht wurde: Ich stelle mich vor, für den Fall, dass sie meinen Namen vergessen haben, obwohl wir uns seit Jahren kennen. Ich erkläre, warum ich hier bin, und bitte um die Erlaubnis, zu ernten, frage höflich, ob sie bereit sind zu teilen.«[193]

Die »Ehrenvolle Ernte« geht mit einer Reihe weiterer Regeln einher: Nimm nur, was du brauchst. Nimm nur, was geschenkt ist. Nimm nie mehr als die Hälfte. Lass etwas für andere zurück. Ernte auf eine Weise, die Leiden minimiert. Verschwende nichts. Bedanke dich. Für Jack D. Forbes ist besonders das Töten von Tieren eine ernste Angelegenheit und erfordert eine besondere spirituelle Praxis: »Außerdem sollte man den Schmerz und die Trauer fühlen, wenn man einen Bruder oder eine Schwester tötet, egal ob es sich um ein Unkraut, einen Baum oder ein Reh handelt. Wenn man diesen Schmerz nicht fühlt, ist man verroht und ›krank‹ geworden. Man ist nicht mehr im Einklang mit dem Universum.«[194]

Nehmen bedeutet damit die Verantwortung, das richtige Maß zu finden. Es ist ausgeschlossen, mehr zu nehmen, als jemand zu geben bereit ist oder geben kann. Das Nehmen geschieht im Bewusstsein, dass das eigene Leben das Leben anderer kostet. Aus dem Bewusstsein über den Wert eines jeden Lebewesens erwächst eine Bescheidenheit, die eine Übernutzung verhindert. Die Bescheidenheit ist die Grundlage für ein allseitiges Gedeihen. Deutlich wird dies an einem Missverständnis der amerikanischen Siedler:innen gegenüber den First Nations. Sie beobachteten, dass die Menschen bei der Reisernte mit dem Sammeln aufhörten, lange bevor der gesamte Reis geerntet war. Sie ließen die Hälfte stehen. Die Siedler interpretierten dieses für sie unverständliche Verhalten als Faulheit und Beweis fehlender Effizienz. Sie verstanden nicht, dass diese Praxis eine bewusste Art und Weise der Landpflege war: So blieb genügend Reis für andere Tiere sowie für die Natur, die dadurch ebenfalls wuchs und gedieh. Die Siedler:innen waren nicht in der Lage, den Zusammenhang zwischen der unglaublichen Fülle, die das vorkolumbische Amerika auszeichnete, und der Praxis der Bescheidenheit und »Ehrenvollen Ernte« zu begreifen.[195]

Diese Prinzipien der Zurückhaltung, des Sich-Einreihens in den Zyklus des Lebens, die Überzeugung, die Welt in ihrer vorgefundenen Ordnung zu ehren und erhalten, statt sie ausbeuten und »verbessern« zu wollen, sind mutmaßlich die Hauptcharakteristiken im indigenen Denken, die sich auf allen Kontinenten wiederfinden lassen. Im Mittelpunkt steht das, was Indigene des Andenraums »Sumak kawsay« oder »vivir bien« nennen, übersetzt bedeutet es etwa »Gut Leben« oder »Gut Zusammenleben«. Damit gemeint ist das Wohlergehen und die Zufriedenheit aller Mitglieder einer Gemeinschaft, ein Leben in Fülle, das nicht auf Kosten der natürlichen Lebensgrundlage oder anderer Mitglieder der Gemeinschaft basiert. Entstanden ist der Begriff als Gegenkonzept zum westlichen Begriff der Entwicklung, da eine Entsprechung in der Sprache der Indios nicht existiert. Entwicklung als treibender Motor für »Verbesserungen« ist ein westliches Konzept und steht der Vorstellung entgegen, dass das Leben an sich bereits gut ist. »Sumak kawsay« steht für ein Leben in Harmonie mit der Natur, und das indigene Wissen beinhaltet die Fertigkeiten, die dazu nötig sind: Es geht um den Erhalt des Bestehenden. Um den Erhalt fruchtbarer Böden, von sauberem Wasser, einer Fülle der Flora und Fauna und lebendiger Wälder.

Terra Madre 2022. Wieder einmal folge ich der »Slow Food«-Veranstaltung, bei der Ernährungsaktivist:innen, Erzeuger:innen, Bauern und Bäuerinnen aus der ganzen Welt zusammentreffen, um über ein anderes Nahrungsmittelsystem zu diskutieren. »RegernAction« lautet das diesjährige Konferenzmotto. Es geht darum, wie Lebensmittel im Einklang mit der Natur und ohne die Zerstörung von Ökosystemen produziert werden können. Bei der Veranstaltung »Loving the Earth« sitzt Myrna Cunningham auf dem Podium. Sie ist eine Aktivistin für indigene Rechte und Frauenrechte aus Nicaragua und bekleidete bereits etliche Positionen, unter anderem war sie in verschiedenen Funktionen führend in UN-Gremien zum Thema indigener Belange. Sie erzählt vom Leben in ihrer Heimat, einem kleinen Dorf an der Grenze zu Honduras, und wie dort die Landwirtschaft praktiziert wird. Es ist eine Praxis, die untrennbar verknüpft ist mit den traditionellen Werten der Gemeinschaft, eine Praxis, die verknüpft ist mit Mutter Erde, oder Pachamama, wie die Erde in Lateinamerika genannt wird. Lebensmittel zu produzieren, das heißt, Landwirtschaft zu betreiben, geschieht auch hier im Bewusstsein, dass die Erde die Menschen nährt und somit alle Lebensmittel eine Gabe der Natur sind. Und auch hier verpflichtet diese Tatsache zu Gegenseitigkeit. Für Indigene sei die Lebensmittelproduktion mit Solidarität verbunden, sagt Myrna Cunningham. Mit Inklusivität, mit Gesundheit, mit Nachhaltigkeit und mit Gerechtigkeit. »Diese Werte zu respektieren ist die Voraussetzung dafür, dass wir gesund sind. Und vor allem, dass die Erde gesund ist!« Die Menschen ihrer Gemeinschaft betreiben eine Subsistenzwirtschaft, die aufgrund ihrer Wurzeln in der Gegenseitigkeit alle Kriterien der Nachhaltigkeit erfüllt. Immer mehr junge Indigene kehren – insbesondere nach der Covid-Pandemie – in die Dörfer ihrer Eltern zurück, erzählt Myrna Cunningham, um dort die traditionelle Lebensweise ihrer Vorfahren zu erlernen und zu praktizieren. Sie treffen diese Entscheidung, da ihnen offensichtlich der westlich geprägte Lebensstil immer weniger zusagt und sie zunehmend den Wert erkennen, den ihre Ursprungsgesellschaften in puncto Lebensqualität, Solidarität und Zufriedenheit bieten.

Auf einem anderen Podium sitzt Carson Kiburo vom Volk der Endorois in Kenia. Er ist Aktivist für indigene Rechte und setzt sich besonders für die Jugend ein. Seine Gemeinschaft lebte einst nomadisch und zog mit dem Vieh umher. Auch wenn sie sich heute niedergelassen haben, leben sie noch immer einen weitgehend traditionellen Lebensstil. »Unsere eigene Regierung sagt uns, dass unsere Lebensweise rückständig ist. Dabei verfügen wir über ein ökologisches Wissen, das sie nicht zu schätzen wissen. Die traditionellen Praktiken meines Volkes bieten Lösungen für den Klimawandel, die die Regierung nicht versteht. Stattdessen sagt man uns, wir sollen kapitalistischen Produktions- und Konsummodellen folgen, das bedeutet Überproduktion und übermäßigen Konsum.« Auch die Endorois möchten ihren traditionellen Lebensstil nicht gegen ein westliches Modell eintauschen. Inwieweit würde das Übernehmen der westlichen Lebensweise ihnen helfen?

Ganz im Gegenteil muss es darum gehen, den Lebensstil und das Wissen indigener Gemeinschaften weltweit zu schützen und zu bewahren. Und mehr noch: Es geht darum, die Weisheit, die sie im Laufe der Jahrtausende über ihr Land gesammelt haben, zu erkennen und ernst zu nehmen. Denn sie können uns einen Ausweg aus den aktuellen Problemen zeigen. Das

»Landmanagement« der Indigenen wird von Werten bestimmt, die nichts »Theoretisches« oder von ihnen Abgespaltenes sind, sondern in ihr alltägliches Tun einfließen. Sie orientieren sich an Werten, die das Wohl aller im Sinne haben. In diesem Sinne funktioniert nicht nur die Landwirtschaft, die nach regenerativen, ökologischen, nachhaltigen Prinzipien betrieben wird. Der Umgang mit Natur im Allgemeinen wird nicht allein dem menschlichen Nutzen und Bedürfnis untergeordnet. In einem Denken, das auf einer Vision der Welt als lebendiges Wesen fußt, in der nicht nur Tiere und Pflanzen, sondern die Welt als solche beseelt ist, ist es nicht möglich, ohne deren Einverständnis andere Subjekte zu dominieren. Alles in der Welt ist Subjekt und hat als solches eine Stimme, mit der kommuniziert werden kann.

Mit Pflanzen im Gespräch

Die animistische Weltsicht, in der Pflanzen und Tiere kommunizieren, ist unserem westlichen, wissenschaftlichen Denken, das sich am Sicht- und Messbaren ausrichtetet, besonders fremd. Doch gerät die mechanistische Weltsicht auch in der Wissenschaft teilweise ins Wanken. Nicht nur der bekannte Förster Peter Wohlleben trägt mit seinen Erfahrungen und Erkenntnissen zu einer neuen Sicht auf das komplexe Kommunikationssystem der Wälder bei. Forschungen werfen ein neues Licht auf das Funktionieren des Ökosystems Wald als komplexes Zusammenspiel interagierender Lebewesen. Bäume entpuppen sich dabei als soziale Akteure, die ihr Verhalten bewusst steuern. Auch das relativ neue (und umstrittene) Feld der Pflanzenneurobiologie bringt ähnliche Erkenntnisse über die Intelligenz von Pflanzen zu Tage. Biolog:innen wie Stefano Manusco, Alessandra Viola und Monica Gagliano gelangen bei Experimenten erstaunliche Entdeckungen bezüglich verschiedener Arten der Pflanzenkommunikation. Zwar besitzen Pflanzen weder Augen noch Nase, doch sind sie in der Lage, mittels Lichtrezeptoren Licht und Schatten zu unterscheiden und über Geruchsrezeptoren Düfte aufzunehmen. Auch können sie »hören«, da sie über bestimmte Kanäle Schwingungen und Berührungen wahrnehmen. Über die Wurzelspitzen erfassen sie Daten aus ihrer Umwelt, verarbeiten sie und treffen Entscheidungen[196]. Mithilfe dieser »Sinnesorgane« sind die Pflanzen in der Lage, geniale »Problemlösungsstrategien« zu entwickeln, weswegen Wissenschaftler wie Manusco und Viola von Intelligenz sprechen. Darüber hinaus fanden sie Belege dafür, dass Pflanzen – obwohl sie weder Gehirn noch Nervensystem besitzen – so etwas wie ein Gedächtnis haben müssen, da sie aus Erfahrungen lernen, das Gelernte anwenden und aktiv Entscheidungen treffen.

Mimosen beispielsweise reagieren auf äußere Reize mit dem Zusammenfalten ihrer Blätter. Erfolgt der Reiz mehrfach, ohne dass eine reale Gefahr eintritt, reagiert die Pflanze nicht mehr und lässt die Blätter ausgebreitet. Dies wurde bislang als Ermüdungserscheinung erklärt, doch als Monica Gagliano und Stefano Manusco die Mimose einem neuen, veränderten Reiz aussetzten, faltete die Pflanze ihre Blätter erneut zusammen[197]. Das Experiment zeigte, dass die Mimose in der Lage war, zwischen verschiedenen Reizen zu unterscheiden, zu erkennen, welche Reize gefahrlos waren, so dass sie lernte, auf Reize unterschiedlich zu reagieren. Da dieser Lerneffekt auch nach Tagen noch funktionierte, musste die Mimose die Information irgendwo »abgespeichert« haben. »Die Ergebnisse des ›Mimosa-Experiments‹, wie es inzwischen weltweit bekannt ist, waren ein erstaunlicher und insgesamt unglaublich spannender wissenschaftlicher Durchbruch. Aber mein mangelnder Erfolg bei der Vermittlung dieser aufregenden Ergebnisse war eine frustrierende Angelegenheit, die für mich viel von ihrem Glanz genommen hat.«[198] Denn Monica Gagliano stieß auf die Widerstände einer Wissenschaftswelt, die auf die neuen, allen bisherigen Vorstellungen entgegenstehenden Erkenntnisse mit Skepsis und Ablehnung reagierte. Lernfähigkeit und Gedächtnis ohne Gehirn ließen nur schwer eine Erklärung im herkömmlichen Sinne zu und drohten, die herrschende Sicht infrage zu stellen. So enthüllte das Mimosen-Experiment etwas weitaus Tiefergehendes: wie wenig wir tatsächlich noch immer über die Beschaffenheit der Natur wissen. Und wie sehr sich Forschung in einem selbstgesteckten Referenzrahmen bewegt, in dem alles Neue den Filter des bisher Gelernten passieren muss. Die Mimose zeigte, dass die klare Abgrenzung zwischen Mensch und Pflanze nach herkömmlichen Kategorien möglicherweise nicht mit der Realität übereinstimmt. »Sie hat uns meisterhaft gezeigt, dass die herkömmlichen Definitionen bestimmen, was wir uns zu sehen erlauben. Unterbewusst lehnen wir durch unsere Definitionen neue Erkenntnisse ab zugunsten dessen, was wir bereits vorher beschlossen haben.«[199] Wenn

Pflanzen viele der Eigenschaften besitzen, die wir bislang allein Menschen und Tieren zugeschrieben haben: Wie notwendig ist es dann, sich von den Kategorien und voreingenommenen Vorstellungen freizumachen, um sich wirklich zu öffnen für neue Möglichkeiten? Was kann eine Pflanze noch sein außer dem, was wir bislang von ihr dachten? Wie sehr müssen wir auch hier unser Weltbild korrigieren? Wir stehen noch ganz am Anfang.

Mehr Wildheit wagen

Die Kunst der Koexistenz und des Miteinanders zu erlernen heißt, einen Lebensstil zu finden, der niemandem schadet. Dies ist einerseits ein gesellschaftlicher Prozess. Doch gibt es auch eine sehr persönliche Dimension. Denn je mehr jede und jeder Einzelne die althergebrachten Vorstellungen von der Dominanz des Menschen hinter sich lässt und zu einer neuen Beziehung der Empathie, der Dankbarkeit und Gegenseitigkeit kommt, umso schneller werden wir als Gesellschaft in der Lage sein, neue Wege zu gehen. Was hat Rewilding daher mit mir persönlich zu tun? Was kann Verwilderung für das eigene Leben bedeuten?

Rufen wir uns noch einmal den Garten in Erinnerung. Erinnern wir uns an die Lust, zu planen, zu steuern, zu kontrollieren. Wir überlassen nichts gerne dem Zufall. Stattdessen lieben wir es, die Kontrolle zu haben und damit die Gewissheit, vor (unangenehmen) Überraschungen verschont zu bleiben. Diese Gartenanalogie lässt sich ziemlich problemlos auf viele Teile des Lebens übertragen. So wie wir die Natur kontrollieren, so versuchen wir, unser eigenes Leben »im Griff« zu haben. Kontrolle zu haben bedeutet, Herr oder Frau über das eigene Leben zu sein, möglichst autonom Entscheidungen zu treffen und dem Leben die gewünschte Richtung zu geben. Das ist natürlich richtig und notwendig. Absichten zu verfolgen, ist Motor des Handelns und stiftet Lebenssinn. Das Problem ist das Über-planen, die Über-Kontrolle. Rewilding lässt sich auch in diesem Sinne interpretieren: Es steht einer verbreiteten Überkontrolle entgegen und regt zu mehr Offenheit und Akzeptanz gegenüber dem an, was unkontrollierbar ist. Es ist ein Anstoß, mehr Überraschung, Spontanität und Unvorhergesehenes ins Leben zu lassen.

Es ist zum Beispiel sicherlich praktisch, den Jahresurlaub langfristig zu planen, und erspart Arbeit, bereits alle Unterkünfte und Aktivitäten im Vorhinein zu buchen. Es nimmt aber auch die Spontaneität, die Freude daran, dem Moment zu folgen. Und mehr noch: Das Sicherheitsbedürfnis erstickt das Gefühl von Lebendigkeit, da es ein authentisches Reagieren im Augenblick unmöglich macht. Ein festgelegter Plan macht es unmöglich, dem eigenen Empfinden und Gefühl zu folgen. Die einzige Handlungsmöglichkeit ist, den Plan auszuführen und das selbst geschriebene Drehbuch nachzuspielen – inklusive Ärger über fehlerhafte Regieanweisungen, wenn die »Handlung« nicht nach Plan läuft. Zu den zuverlässigen Methoden, Lebendigkeit zu ersticken, gehört auch das Durchplanen mit Terminkalendern. Jede vorhergeplante Aktivität schließt das Unvorhergesehene aus. Wir können nicht mehr spontan reagieren, da uns der Zeitplan durch den Alltag treibt. Kein Wunder, dass dabei das Gefühl entsteht, dem Leben hinterherzulaufen und ständig etwas »abarbeiten« oder Vorgegebenes ausfüllen zu müssen.

Es gibt viele Gründe, die dafür sprechen, Terminkalender zu führen. Es geht wieder einmal darum, die eigenen Grenzen zu testen, Gewohnheiten infrage zu stellen und andere Perspektiven aufzuzeigen. Die Perspektive des Rewilding, ausgeweitet auf den eigenen Lebensbereich, bedeutet für mich: öfter mal die Kontrolle abgeben und sehen, was »von allein wächst«. Auf Pläne verzichten und stattdessen darauf vertrauen, dass sich spontan und authentisch etwas »von selbst« ergibt. Auch wenn viele Menschen ihren Alltag durchplanen müssen: Gibt es nicht trotz vollem Kalender Freiräume, die wir uns schaffen können?

Anzunehmen, was sich jenseits unserer Kontrolle ergibt und nicht dagegen anzuarbeiten, macht das Leben oftmals leichter. Wenn der Zug Verspätung hat, tut man gut daran, die Gegebenheiten gelassen hinzunehmen, statt sich in Ärger und negative Gedanken hineinzusteigern. Die Wut ändert nichts. Sie verstellt oft die Sicht auf neue Perspektiven und Möglichkeiten, die sich aus der unvorhergesehenen Situation ergeben. Denn was, wenn uns das Kontrollierenwollen einengt in den vorgegebenen Rahmen einer limitierten, vorstellbaren Realität? Wenn das Ärgern über »falsche« Wendungen im Leben uns blind macht für die eventuell damit verbundenen Chancen? Was, wenn es eine Illusion ist zu meinen, wir wüssten selbst am besten, was wir brauchen? Beim Rewilding des Herzens geht es vor allem darum, nicht alles mit dem Kopf lösen zu wollen, sondern unsere Sinne zu benutzen.

Die Perspektive der Wildnis ist nicht unbedingt die der Bequemlichkeit. Im Gegenteil – Wildnis steht für mangelnden Komfort. Jeder, der mückenzerstochene Nächte in der Natur verbracht hat oder vom Gewitter überrascht wurde, wird ähnliche Erfahrungen gemacht und sich gelegentlich den Schutz der Zivilisation zurückgewünscht haben. Wildnis ist unberechenbar. Weder haben wir die Kontrolle über das Wetter, noch können wir planen, einem Wolf oder Reh zu begegnen, den Nebel beim Erklimmen des Berggipfels auflösen, den Sonnenuntergang in bestimmten Farben bestellen oder einen Regenbogen im richtigen Moment erscheinen lassen. Wir haben keinen Einfluss, keine Garantie. Was in der Wildnis passiert, dem sind wir ausgeliefert. Wir müssen es hinnehmen und damit umgehen. Oder wir dürfen es annehmen und als Geschenk betrachten, das gerade deswegen so wertvoll ist, weil es ein »Zufall« ist. Etwas, das wir nicht planen konnten, das gar nicht von uns abhängt.

Wie wäre es also, öfter die Komfortzone des Geplanten und Vorhersehbaren zu verlassen? Wie wäre es, sich nicht (reflexhaft) abzuschirmen gegen die vermeintlichen Unbequemlichkeiten, sondern sich ihnen auszusetzen? Denn nur auf diese Weise ist es möglich, einen Regenbogen zu erleben oder einem Reh zu begegnen. Sich aussetzen mit allen Risiken, die dies birgt – das heißt, wirkliche Lebendigkeit zu spüren. Dinge, die unvorhersehbar sind, die ein Ergebnis offen lassen, empfinden viele Menschen als unangenehm und möchten diesen Zustand möglichst vermeiden. Doch die Wildnis lehrt uns, mit Unsicherheit und Risiko umzugehen und sie als Teil des Seins zu akzeptieren. Denn dies scheint der Preis für das Glück des authentischen Erlebens: Schönheit und Faszination entspringen genau dem Fakt, dass sie nicht plan- und kontrollierbar sind. Ganz nach dem etwas modifizierten Motto: Kontrolle ist gut, Vertrauen ist besser! Möchten wir Schönheit und Lebendigkeit spüren, müssen wir uns dem sich ständig verändernden Fluss des Lebens hingeben, ohne immer die Richtung bestimmen zu wollen oder gegen den Strom zu kämpfen.

Rewilding ist der Wunsch nach einer tiefen, intimen Verbindung mit Natur. Es ist der Versuch, eine Beziehung mit Tieren und Landschaften einzugehen, die die althergebrachten Grenzen überwindet. Gelingt es, die Taucherglocke, mit der wir uns umgeben haben, zu verlassen und wirkliche Begegnungen und authentisches Erleben zuzulassen, entstehen wahre Momente des Glücks. Dies weiß, wer die mückengeplagte Nacht durchstanden hat und den die Schönheit des Sonnenaufgangs am Morgen mit Staunen und purer Lebensfreude erfüllt. Diese Momente sind nicht die Ausnahmen unserer Existenz – sie sollten zur Normalität gehören. Dafür braucht man nicht täglich einen Berg zu besteigen. Mit Respekt und Achtsamkeit, mit der nötigen Zeit und Muße lassen sich Momente der Begegnung, der Schönheit und des Staunens im Alltag finden. Die Vögel, Eichhörnchen, Igel, Insekten im Garten, auf dem Balkon, im Park sind Subjekte, zu denen Beziehung möglich ist. Sehen wir sie als willkommene Mitbewohner und nicht als Störenfriede, begegnen wir ihnen mit Aufmerksamkeit statt mit

Gleichgültigkeit, knüpfen wir zarte Bande zu Bäumen, Blumen und Bienen! Lassen wir Platz im Alltag, um das Unvorhergesehene, das Wilde in unser Leben einzuladen. Legen wir die Sicherheitsgurte ab, die unser Leben einschnüren, und vertrauen wir auf die Grundgüte des Seins. Lassen wir Platz für Spontaneität und Lebendigkeit. Sehen wir gelassen dem zu, was von allein wächst, und freuen uns über diese Gaben. Gaben, die wir uns nicht verdienen mussten, sondern die uns einfach geschenkt werden.

Natur bietet viele solcher Analogien. So lässt sich feststellen, dass Wildnis keine vorgezeichneten Wege kennt. Man muss sich seinen Weg erst suchen. Auch hier geht es um das Üben von Fertigkeiten: Es funktioniert nicht, vorgefertigten Pfaden zu folgen, sondern erfordert, den eigenen Weg zu finden. Dabei ist Achtsamkeit und Beobachtung gefragt. Soll ich den Bach hier überqueren? Zieht da ein Gewitter auf? Wildnis zwingt dazu, sich auf den Moment einzulassen, ihn zu erleben und wahrzunehmen. Dies bedeutet ein gehöriges Maß an Freiheit, Herausforderung und Abenteuer. Bewegen wir uns in der Wildnis, ist alles offen. Das Terrain ist unbekannt, Pläne helfen nur bedingt weiter. Wir sind auf uns selbst zurückgeworfen, auf die eigene Wahrnehmung und die Beziehung, die wir mit der Umgebung knüpfen. Um das Terrain zu erkunden, können wir uns nicht auf Wegweiser verlassen, sondern müssen dem inneren Kompass folgen. Die Wildnis lehrt uns somit Fertigkeiten, die uns stärken. Um in der Analogie zu bleiben, kann Verwilderung auch dies bedeuten: Statt ein GPS zu benutzen, können wir wieder lernen, uns auf den inneren Kompass zu verlassen. Ihn zu spüren und als verlässlichere Orientierungshilfe anzuerkennen, weil sie der unmittelbaren Erfahrung entstammt. Um die Belebtheit der Welt zu erfahren, braucht es nichts weiter als sich einzulassen und die eigenen Sinne als Instrument zu benutzen.

Was können wir also tun? Die Antwort, die ich mit diesem Buch zu geben versuche, ist: die Beziehung zur Natur hinterfragen und ihr neuen Platz einräumen. Rewilding und die Rückkehr funktionierender Ökosysteme hängen an diesem Faktor: der Bereitschaft, die bisherigen, rein am Mensch ausgerichteten Interessen zurückzuschrauben und zu hinterfragen zugunsten einer Praxis des Miteinanders und der Gegenseitigkeit. Natur braucht Platz aber auch in einem weiteren Sinne, nämlich in einem veränderten Bewusstsein. Dabei geht es darum, Mitgefühl und Solidarität mit anderen Lebewesen zum Maßstab und zur Richtschnur von Entscheidungen zu machen. Unser Blick auf Natur ist zu sehr von der Wissenschaft geprägt, in der Natur allein in Form von Diagrammen und Tabellen vorkommt. Vergessen wir den Blick auf die Petrischale und wenden uns den lebendigen Wesen als fühlenden Subjekten zu! Erwachen wir aus dem menschlichen Egotrip und wachsen in eine Verantwortung, in der wir in der Lage sind, auch die Perspektive anderer Lebewesen einzunehmen. Solange wir dazu nicht gewillt sind, benehmen wir uns wie Erbschleicher:innen, die sich weigern, ihren Anteil rauszugeben.

Statt in Aktionismus zu verfallen, lehrt Rewilding, einfach mal nichts zu tun und zu schauen, was von allein kommt. Denn ähnlich der Tendenz zur Überkontrolle gibt es eine Tendenz des unmittelbaren Reagierens, des fieberhaften Suchens nach

Lösungen. Der nigerianische Philosoph Báyò Akómoláfé kritisiert diese Form des Solutionismus, bei der durch neue »Lösungen« immer weitere Probleme entstehen. Stattdessen vertritt er das Prinzip des Innehaltens: »Die Zeit drängt, entschleunigen wir uns.«[200] Das bedeutet nicht, resigniert die Hände in den Schoß zu legen. Am Anfang einer wirklichen Veränderung, so Báyò Akómoláfé, stehe das Eingeständnis, dass wir die Lösung nicht kennen. Und das einzige Sinnvolle, was wir in dieser Situation tun könnten, sei innezuhalten. Das Scheitern einzugestehen und zu akzeptieren, ist der erste Schritt auf dem Weg der Heilung. Wir müssten uns lösen von der Vorstellung, die Katastrophe kontrollieren zu können, die Situation beherrschen zu wollen. »Der Klimawandel ist ein Signal, dass sich die Welt nicht sagen lässt, was sie zu tun hat«, sagt Báyò Akómoláfé. »Vielleicht stellt ja gerade dieses Verständnis von Kontrolle – oder dieses Verständnis von uns selbst – die eigentliche Krise dar. Was, wenn die Kontrolle selbst die Krise ist?«[201]

Der zweite Schritt ist laut Báyò Akómoláfé die Einbeziehung der natürlichen Welt in die Lösungsfindung: »Wir müssen demütig sein und zuhören. Der Natur vertrauen, den Beziehungen vertrauen, die uns Antworten liefern. Die Antworten kommen von dort – nicht von uns! Zuhören und bescheiden sein.«[202] Durch Innehalten und Zuhören vermeiden wir, eine Problemanalyse erneut allein aus anthropogener Sicht anzugehen. Wir brauchen eine neue Perspektive, die nicht nur auf der gewohnten kognitiven Ebene funktioniert. In einer Welt, in der wir schon längst die Kontrolle verloren haben, in der wir mit unseren Lösungsansätzen nicht weiterkommen, weil sich wirkliche Lösungen möglicherweise außerhalb des bisher Denkbaren befinden, brauchen wir neue Fertigkeiten und neue Perspektiven. Es geht um das Wahrnehmen des Teils der Welt, den wir bislang ausgeklammert haben. Wenn wir Teil eines Geflechts sind, in dem alles Leben miteinander verwoben ist, in dem alle voneinander abhängen, brauchen wir eine holistische Perspektive, ein holistisches Einbeziehen nicht nur des Denkens, sondern des Fühlens. »Wir sollten uns verlieren«, rät Báyò Akómoláfé. Erst durch das Loslassen des Alten besteht möglicherweise die Chance, einen neuen Weg zu finden.

Rewilding steht für mich genau für diese paradox erscheinende Botschaft: Loslassen, unter- oder überlassen, nichts tun, Kontrolle aufgeben führt zur Regeneration und zu Lösungen, die durch menschliches Planen nicht entstehen können. Dieses Loslassen fordert Vertrauen. Was bleibt uns anderes übrig? Wir stehen bereits am Rande des Abgrunds, als Nächstes kommt der freie Fall. Dies wird entweder unseren Untergang bedeuten. Oder der Sturz transformiert uns in einer Weise, dass er zu einer neuen Schöpfungsgeschichte werden kann. Auch der Schöpfungsmythos einiger nordamerikanischer First Nations beginnt mit einem Sturz. Die Himmelsfrau fällt durch die Luft auf eine weite Wasserfläche zu. Sie wird von den Wasservögeln aufgefangen, und alle Tiere – Schwäne, Enten, Kröten, Bisamratten, Schildkröte – beschließen, ihr zu helfen. Um einen Platz für die Frau in den Weiten des Wassers zu schaffen, tauchen sie hinab auf dem Meeresgrund, um nach geeignetem Material zu suchen. Schlamm, Sand, Algen, Steine und alles, was sie fanden, legten sie auf den Panzer der Schildkröte, wodurch nach und nach eine Insel entstand. Die Himmelsfrau bedankte sich bei den Tieren, und auf dem Land begann das Leben zu gedeihen. Pflanzen und Tiere fanden ihre Heimat auf dem neugeschaffenen Land, und die Himmelsfrau wurde damit zur Erdenmutter. Die Welt – die Folge eines Sturzes und einer Rettung, das Ergebnis der Hilfsbereitschaft der Tiere, ein Produkt der Solidarität, ein Ko-kreieren über die Grenzen der Spezies hinweg. Eine Erde, die durch Dankbarkeit fruchtbar wurde. Welche Symbolkraft steckt in dieser Geschichte? Statt dem tödlichen Aufprall, dem Ertrinken im Weltmeer gibt es eine Chance auf Rettung. Diese Rettung liegt in den Händen der Tiere. Werden sie uns im freien Fall zur Seite stehen? Schaffen wir es, in einen Zustand von Mitgefühl, Dankbarkeit und Gegenseitigkeit zu kommen, gibt es vielleicht die Chance auf eine neue Erde. Wir mögen nicht die Kontrolle haben. Aber es wird dennoch von uns abhängen.

Nachwort

Auch wir haben ein Märchen, das voller Symbolik ist und als Analogie in diese Zeit passt. Es ist das Märchen von Frau Holle. In dieser Geschichte machen zwei Mädchen sehr unterschiedliche Erfahrungen in der »Anderswelt«, in der Frau Holle als Erdenmutter agiert. Die »Glücksmarie« folgt den Hilferufen der Dinge und Lebewesen, die ihr begegnen. Sie holt das Brot aus dem Ofen, schüttelt den Apfelbaum und hilft Frau Holle, die Kissen auszuschütteln, damit es auf der Erde schneit. Als sie wieder zurückkehrt in ihre Welt wird sie als Dank mit Gold beschenkt. Ihre Stiefschwester hingegen folgt denselben Aufforderungen nicht, und als »Belohnung« wird sie mit Pech überschüttet.

Diese Geschichte verdient eine andere Interpretation, als sie allein für eine Metapher für den Lohn von Fleiß und Faulheit zu halten. Denn Glücksmarie ist weit mehr als nur »fleißig«. Betrachten wir sie als empathischen, hilfsbereiten, achtsamen Menschen, der seine Aufgabe im Lebenskreislauf übernimmt. Sie verschließt die Augen nicht vor der Not anderer, sie übernimmt Verantwortung und nimmt den Platz ein, der notwendig ist, damit die Welt reibungslos funktioniert. Sie schüttelt die Kissen, damit es auf der Welt schneit, sie erntet, sie interagiert mit der Welt. Sie sieht, was zu tun richtig und notwendig ist.

Ihre Belohnung ist wiederum ein Symbol: Die »Belohnung« für ein solches Verhalten ist ein goldenes, reiches, glückliches Leben. Pechmarie hingegen verschließt ihre Augen und Ohren, ihr Herz vor den Bedürfnissen ihrer Umgebung. Ihre Faulheit ist nichts als ein Symptom. Da sie keine Herzensbeziehung zu anderen Lebewesen aufnehmen kann, lässt sie ihr Schicksal unberührt. Das Pech, das sie dafür erhält, ist das Gegenteil eines glücklichen Lebens.

Ich denke, es ist klar, was ich mit dieser Geschichte sagen möchte. Momentan verhalten wir uns wie die Pechmarie, die sich taub und blind den notwendigen Aufgaben, der Teilhabe am Lebenskreislauf, verweigert. Wir ignorieren die Bedürfnisse und Hilferufe der Lebewesen, die unseren Weg kreuzen. Gleichgültigkeit prägt unser Handeln (oder Nicht-Handeln). Auch wir haben die Herzensbeziehung verloren, unseren Platz als Teil des Lebensnetzwerks. Doch wenn wir unsere Aufgabe nicht übernehmen, dann gerät die Welt durcheinander. Schneefall, Ernte, das »Brot« des Lebens ist in Gefahr. Genau das erleben wir gerade. Klima und Jahreszeiten, Nahrungsmittelproduktion, Landwirtschaft – die Grundlagen unseres Lebens sind in der Krise. Und in der Tat wird das Leben vieler Menschen mit Pech überschüttet.

Das Märchen bringt auf so einfache Weise zum Ausdruck, wie das Zusammenleben in der Gegenseitigkeit funktioniert. »Funktionierende« Ökosysteme brauchen Teilnehmer:innen, die ihre Funktion für das Ganze übernehmen. Damit sind nicht nur Tiere, Pflanzen, Mikroben oder sonstige Organismen gemeint, sondern auch der Mensch. Auch der Mensch kann die

Rolle einer Schlüsselart übernehmen, die einen positiven Effekt auf ökologische Prozesse und den Artenreichtum in funktionierenden Ökosystemen ausübt. Je mehr ich mich mit Rewilding und funktionierenden Ökosystemen beschäftige, umso mehr möchte ich schreiben: lebendige Ökosysteme! Denn es geht über das reine Funktionieren weit hinaus. Verlassen wir die Ebene des Funktionierens und wagen uns vor in die Sphären der Lebendigkeit!

Stellen wir uns den Blick aus dem Flugzeug auf verwilderte Landschaften vor. Da sehen wir großzügiges Grün, das sich organisch in die Weite ausbreitet. Wir sehen Flüsse, die sich mit ihren vielen Armen durch die Landschaft schlängeln. Häuser, Dörfer, Straßen fügen sich in das Gewebe der kleinteiligen Felder und Äcker, die sie umgeben. Von oben sieht man, wie sich Hecken die Feldränder entlangziehen. An vielen Stellen sind Bäume, Tümpel, Teiche zu erkennen, auch fliegen wir über eine dichte Walddecke. Stellen wir uns Tiere vor, die die Landschaft bewohnen. Herden, die über Wiesen galoppieren. Stellen wir uns auf der Erde ein lebendiges Miteinander vor, in dem Bedürfnisse aller Lebewesen anders ausgehandelt werden. Stellen wir uns vor, wie wir Verantwortung für unser Handeln übernehmen. Lassen wir ein bisschen mehr Glücksmarie in unser Leben treten. Zwar werden wir sicher nicht mit Gold überschüttet. Aber vielleicht ist es der Weg zu einem glücklicheren Leben.

Literatur

Angres, Volker und Hutter, Claus-Peter: *Das Verstummen der Natur. Das unheimliche Verschwinden der Insekten, Vögel, Pflanzen – und wie wir es noch aufhalten können*, München 2018

Bekoff, Marc: *Rewilding our Hearts. Building Pathways of Compassion and Coexistence*, Novato 2014

Blackbourn, David: *Die Eroberung der Natur. Eine Geschichte der deutschen Landschaft*, München 2008

Crist, Eileen: *Schöpfung ohne Krone. Warum wir uns zurückziehen müssen, um die Artenvielfalt zu bewahren*, München 2020

Ellis, Erle C.: *Anthropozän. Das Zeitalter des Menschen – eine Einführung*, München 2018

Etscheit, Georg (Hrsg.): *Geopferte Landschaften. Wie die Energiewende unsere Umwelt zerstört*, München 2016

Fartmann, Thomas, Jedicke, Eckhard, Stuhledreher, Gregor, Streitberger, Merle: *Insektensterben in Mitteleuropa. Ursachen und Gegenmaßnahmen*, Stuttgart 2021

Forbes, Jack D.: *Columbus and other Cannibals*, New York 1992

Gagliano, Monica: *Thus spoke the plant*, Berkeley 2018

Hickel, Jason: *Weniger ist mehr. Warum der Kapitalismus den Planeten zerstört und wir ohne Wachstum glücklicher sind*, München 2022

Jepson, Paul und Blythe, Cain: *Rewilding. The radical new science of ecological recovery,* London 2020

Kimmerer, Robin Wall: *Geflochtenes Süßgras. Die Weisheit der Pflanzen,* Berlin 2021

Knapp, Hans Dieter, Klaus, Siegfried und Fähser, Lutz (Hrsg.): *Der Holzweg. Wald im Widerstreit der Interessen,* München 2021

Hierin besonders die Aufsätze:

Hans Dieter Knapp: *Der Holzweg*

Norbert Panek: *Holzfabrik in der Krise*

Lutz Fähser: *Das Lübecker Konzept der »naturnahen Waldnutzung«*

Krüger-Lange, Christine: *Zwischen Weltsicht und Garten. Die Welt neu denken lernen,* München 2022

Manusco, Stefano: *Pflanzenrevolution: Wie die Pflanzen unsere Zukunft erfinden,* München 2018

Macfarlane, Robert: *Karte der Wildnis,* Berlin 2017

Mattioli, Aram: *Verlorene Welten. Eine Geschichte der Indianer Nordamerikas,* Stuttgart 2017

Monbiot, George: *Verwildert. Die Wiederherstellung unserer Ökosysteme und die Zukunft der Natur,* Berlin 2021

Morizot, Baptiste: *Philosophie der Wildnis oder Die Kunst, vom Weg abzukommen,* Ditzingen 2020

Pereira, Henrique M. und Navarro, Laetitia M.: *Rewilding European Landscapes,* Cham 2015

Poschlod, Peter: *Geschichte der Kulturlandschaft,* Stuttgart 2017

Sage, Colin: *Environment and Food,* Abingdon 2012

Storl, Wolf-Dieter: *Pflanzen der Kelten. Heilkunde, Pflanzenzauber, Baumkalender,* Aarau 2000

Turner, Nancy J.: *Ancient Pathways, Ancestral knowledge. Ethnobotany and Ecological wisdom of Indigenous Peoples of Northwestern North America,* Vol. 1, Québec 2014

Weber, Andreas: *Indigenialität,* Berin 2018

Wuerthner, Georg, Crist, Eileen und Butler, Tom (Hrsg.): *Keeping the Wild. Against the domestication of Earth,* San Francisco 2014

Endnoten

1 Es gibt einige Begriffe, die teilweise synonym verwendet werden, wie etwa Renaturierung oder Ökosystemrestaurierung. Darauf gehe ich an späterer Stelle ein. Um auch in der deutschen Terminologie keine Missverständnisse zu schaffen, bleibe ich beim englischen Original.

2 Beutegreifer sind fleischfressende Tierarten, die sich von anderen Tieren ernähren. Der Begriff »Raubtier« verunglimpft diese Tiere als »Räuber« und gilt deswegen als veraltet. Ebenso verhält es sich mit dem »Raubvogel«, der heute Greifvogel genannt wird.

3 Die International Union for Conservation of Nature (IUCN) definiert insgesamt sechs Kategorien für Schutzgebiete. Wildnisgebiete fallen in die Kategorie Ia oder Ib und zählen damit zur strengsten Kategorie. Es sind ausreichend große, (weitgehend) unzerschnittene, nutzungsfreie Gebiete, die dazu dienen, einen vom Menschen unbeeinflussten Ablauf natürlicher Prozesse dauerhaft zu gewährleisten (https://www.bfn.de/wildnisgebiete#anchor-6365).

4 Die genauen Zahlen laut Bundesumweltamt (Stand 2020): 51 Prozent Landwirtschaft (mit 36 Prozent Ackerland und 14 Prozent Weideland), 30,6 Prozent Wald, 13,7 Prozent Siedlungs- und Verkehrsfläche

5 Die Zitate stammen aus meinem Interview mit George Monbiot.

6 Auf Deutsch: *Verwildert. Die Wiederherstellung unserer Ökosysteme und die Zukunft der Natur*, Berlin 2021

7 Mit Megafauna sind die körperlich größten Tiere eines Ökosystems gemeint.

8 https://www.nhm.ac.uk/discover/news/2020/september/uk-has-led-the-world-in-destroying-the-natural-environment.html

9 https://www.rspb.org.uk/about-the-rspb/about-us/media-centre/press-releases/review-our-world/
10 Erstmals 1995 verwendet von dem Fischereibiologen Daniel Pauly
11 Vgl. Ellis 2018
12 https://wilderness-society.org/, https://wilderness-society.org/european-wilderness-definition/
13 https://wild.org/
14 https://wild.org/defining-wilderness/
15 Vgl. Turner 2014
16 Nancy J. Turner, Iain J. Davidson-Hunt und Michael O'Flaherty: *Living on the Edge: Ecological and Cultural Edges as Sources of Diversity for Social-Ecological Resilience*, in: Human Ecology, Vol. 31, No. 3, September 2003
17 Vgl. Jepson und Blythe 2020
18 Vgl. Monbiot 2021
19 Vgl. Crist 2020
20 Vgl. Angres und Hutter 2018
21 Vgl. Ellis 2018
22 Vgl. Angres und Hutter 2018
23 Die »Overkill-Hypothese« wurde vom amerikanischen Paläontologen Paul S. Martin in den 1960er Jahren entwickelt.
24 In dieser Frage muss wahrscheinlich nach Kontinenten unterschieden werden. So spielt die Overkill-Theorie aller Wahrscheinlichkeit nach überall außerhalb Europas die Hauptrolle. In Europa hingegen wird es sich um eine Mischung aus Klimaveränderungen und menschlicher Ausrottung gehandelt haben (vgl. Jepson und Blythe 2020, S. 32).
25 Crist 2020
26 Vgl. Poschlod 2017
27 Vgl. Blackbourn 2008
28 Vgl. Blackbourn 2008
29 Vgl. Blackbourn 2008
30 Vgl. Poschlod 2017
31 Vgl. Jepson und Blythe 2020

32 Vgl. Blackbourn 2008

33 Otto Neurath: *Empirische Soziologie*, in: Schriften zur Wissenschaftlichen Weltanschauung, Band 5, Vienna 1931, S. 118

34 Vgl. Crist 2020

35 Blackbourn 2008, S. 58

36 Vgl. Poschlod 2017

37 Vgl. Blackbourn 2008

38 Ernst Rudorff: *Über das Verhältnis des modernen Lebens zur Natur*, in: Preußische Jahrbücher 45, Heft 3, 1880

39 Paul J. Crutzen und Eugene F. Stoermer: *The »Anthropocene«*, in: IGBP Newsletter No. 41, May 2000, S. 17

40 Ebd.

41 Will Steffen et al.: *Global Change and the Earth System: A Planet under Pressure*, 2004, S. 93

42 Ebd., S. 298

43 Vgl. Fartmann et al. 2021

44 Nationale Akademie der Wissenschaften Leopoldina (Hrsg.): *Globale Biodiversität in der Krise – Was können Deutschland und die EU dagegen tun?* Diskussion Nr. 24, Halle (Saale) 2020, https://www.leopoldina.org/uploads/tx_leopublication/2020_Diskussionspapier_Biodiversitaetskrise_web.pdf

45 Vgl. Ellis 2018

46 Bundesministerium für Umwelt, Naturschutz und nukleare Sicherheit, Bundesamt für Naturschutz (Hrsg.): *Die Lage der Natur in Deutschland. Ergebnisse von EU-Vogelschutz- und FFH-Bericht 2019*, Berlin/Bonn 2020, https://www.bfn.de/sites/default/files/BfN/natura2000/Dokumente/bericht_lage_natur_2020.pdf

47 Vgl. Fartmann et al. 2021

48 Ebd.

49 Bundesministerium für Umwelt, Naturschutz und nukleare Sicherheit, Bundesamt für Naturschutz (Hrsg.): *Die Lage der Natur in Deutschland. Ergebnisse von EU-Vogelschutz- und FFH-Bericht 2019*, Berlin/Bonn 2020, S. 6

50 Vgl. Ellis 2018, S. 175
51 Ebd.
52 Vgl. Crist 2020
53 »*Böden versiegelt, Hirne vernagelt*«, Gerhard Matzig, Süddeutsche Zeitung, 21. 7. 2021
54 Ziel der Deutschen Nachhaltigkeitsstrategie ist, die Zahl bis 2030 zu halbieren.www.umweltbundesamt.de/themen/boden-landwirschaft/flaechensparen-boeden-landschaften-erhalten#flaechenverbrauch-in-deutschland-und-strategien-zum-flaechensparen
55 Bundesamt für Naturschutz (Hrsg.): *BfN Bodenreport: Vielfältiges Bodenleben – Grundlage für Naturschutz und nachhaltige Landwirtschaft*, Bonn Bad Godesberg 2021, S. 19, https://www.bfn.de/sites/default/files/2021-04/210108_BodenBioDiv-Report.pdf
56 »*Natur ist oft nur gut für schöne Bilder*«, Interview mit Beate Jessel, Süddeutsche Zeitung, 31. 8. 2021
57 »Death is one thing, an end of birth is something else.« M. E. Soulé und B. A. Wilcox: *Conservation Biology: An Evolutionary-Ecological Perspective*; Massachusetts, 1980
58 Vgl. Mark Fisher: *Natural science and spatial approach of Rewilding. Evolution in meaning of Rewilding in Wild Earth and The Wildlands Project*, 2020, https://docslib.org/doc/5633542/natural-science-and-spatial-approach-of-rewilding-evolution-in-meaning-of-rewilding-in-wild-earth-and-the-wildlands-project
59 David Foreman: *Around the Campfire*. In: Wild Earth 2(3), 1992
60 Dies liegt nicht nur an der Bejagung der Tiere durch den Wolf. Ökolog:innen fanden heraus, dass die Furcht vor Wölfen bei den Hirschkühen den Spiegel des Sexualhormons Progesteron senkt. In der Folge werden sie seltener trächtig. https://www.spektrum.de/news/woelfe-beeinflussen-hirsch-fortpflanzung/865118
61 Vgl. Monbiot 2021, S. 120
62 David Foreman: *Rewilding North America: a vision for conservation in the 21st century*, 2004

63 Michael Soulé und Reed Noss: *Rewilding and biodiverstity: Complementary goals for nature conservation*, in: Wild Earth, 1998

64 Nicolas Brown: *Das Gesetz der Serengeti*, Dokumentarfilm 2018 Sean B. Carroll: *Serengeti rules: The Quest of how life works and why it matters*, Princeton University Press 2016

65 Frans Vera: *Large-scale nature development – the Oostvaardersplassen*, in: British Wildlife, Juni 2009, https://media.longnow.org/files/2/REVIVE/BritishWildlifeVera.pdf

66 Einschränkend muss betont werden, dass obwohl die Tiere ganzjährig frei gehalten wurden, sie dennoch eingezäunt waren.

67 Frans Vera: *Grazing ecology and Forest History*, CAB International 2000

68 Sergej Zimov: *Pleistocene park: Return of the mammoth's ecosystem*, in: Science 2005, https://doi.org/10.1126/science.1113442

69 https://www.spektrum.de/news/renaturierung-zurueck-in-die-eiszeit/1899424, https://pleistocenepark.ru/

70 Josh Donlan et al: *Re-wilding North America*, in: Nature, 2005

71 Vgl. Jepson und Blythe 2020

72 Hermann Remmert: *Naturschutz. Ein Lesebuch nicht nur für Planer, Politiker und Polizisten, Publizisten und Juristen*. Berlin; Heidelberg; New York; London; Paris; Tokyo, 1988

73 Hans Bibelriether: *Natur Natur sein lassen*. In: Prokosch, P. (Red.): *Ungestörte Natur. Tagungsbericht 6 der Umweltstiftung WWF-Deutschland*, Husum 1992

74 Wolfgang Scherzinger: *Tun oder Unterlassen? Aspekte des Prozeßschutzes und Bedeutung des »Nichts-Tuns« im Naturschutz*. Laufener Spezialbeiträge und Laufener Seminarbeiträge 1_1997

75 Ursula Schuster: *Der Prozessschutzgedanke in Deutschland: Seine Ursprünge, seine Verfechter, seine Argumentation*. In: Bayrische Akademie für Naturschutz und Landschaftspflege (Hrsg.): *Wildnis zwischen Natur und Kultur: Perspektiven und Handlungsfelder für den Naturschutz*. Laufener Spezialbeiträge 2010

76 https://www.bund-naturschutz.de/ueber-uns/erfolge-niederlagen/nationalpark-bayerischer-wald/philosophie-natur-natur-sein-lassen
77 https://wildnisindeutschland.de
78 https://www.abu-naturschutz.de/fileadmin/user_upload/Veroeffentlichungen/Weideleitfaden/WildeWeiden.pdf
79 https://www.nationalpark.ch/de/
80 David Nogues-Bravo et al: *Rewilding is the new Pandora's box in conservation*, in: Current Biology 2016; doi: 10.1016/j.cub.2015.12.044
81 Vgl. Jepson und Blythe 2020
82 Das bedeutet nicht, dass es prinzipiell nicht sinnvoll ist, Heidelandschaften zu erhalten, um bestimmte Landschaftstypen oder Arten zu schützen. Was sinnvoll ist, muss situativ entschieden werden.
83 Steve Carver et al: *Guiding principles for rewilding*, in: Conservation Biology 2021, https://doi.org/10.1111/cobi.13730IUCN: The rewilding Principles, 2021
84 https://wildnisindeutschland.de/
85 https://rewildingeurope.com/
86 Wouter Helmer: *Rewilding Europe: A New Strategy for an old continent*, in: Henrique M. Peireira et al.: *Rewilding European Landscapes*, 2015
87 https://rewildingeurope.com/european-rewilding-network/
88 Dieser Text entstand vor der Vergiftungskatastrophe im Sommer 2022, bei der die Einleitung salzhaltiger Abwässer in die Oder und die dadurch verursachte Vermehrung der giftigen Goldalge zu einem massiven Fischsterben führte.
89 Der Stör (sowie teilweise der Biber) wurde aktiv wieder angesiedelt.
90 Bestehend aus einer Kooperation der Deutschen Umwelthilfe, des HOP Transnationalen Netzwerks Odermündung, des NABU Mecklenburg-Vorpommern sowie der polnischen Verbände Verein der Freunde der Ina und Gowienica Flüsse (TPRIiG) und der Stepnica Tourismusorganisation. https://rewilding-oder-delta.com/
91 Für einen Eindruck hier die Schadensfälle im Land Brandenburg für das erste Halbjahr 2022 in Zahlen: Insgesamt wurden 136 Schadens-

fälle gemeldet, bei denen ein Wolf als Verursacher nachgewiesen oder zumindest nicht ausgeschlossen wurde. In 105 Fällen der 136 Fälle (77 Prozent) waren die Tiere nicht durch wolfsabweisende Herdenschutzmaßnahmen geschützt. Nur in 10 Fällen (7 Prozent) waren die gerissenen Nutztiere entsprechend der vom Landesamt empfohlenen sehr guten Herdenschutzmaßnahmen geschützt. Quelle: lfu.brandenburg.de/lfu/de/aufgaben/natur/tiere-und-pflanzen/saeugetiere/woelfe-in-brandenburg/schadensmanagement/nutztierrisse/

92 Bundesministerium für Umwelt, Naturschutz und nukleare Sicherheit, Bundesamt für Naturschutz (Hrsg.): *Die Lage der Natur in Deutschland. Ergebnisse von EU-Vogelschutz- und FFH-Bericht 2019,* Berlin/ Bonn 2020

93 Sage 2011, S.71, Crist 2020, S.53, S.250

94 Sage 2011, S.142

95 Crist 2020, S.53

96 *Globale Diversität in der Krise – Was können Deutschland und die EU dagegen tun?* Diskussion Nr.24, Leopoldina 2020

97 Die Zahlen gelten für das Jahr 2006. Toni Meier et al: *Balancing virtual land imports by a shift in the diet. Using a land balance approach to assess the sustainability of food consumption. Germany as an example,* in: Appetite 74, 2014

98 Crist 2020, S.56

99 *Flächenverbrauch einschränken – jetzt handeln.* Empfehlungen der Kommission Bodenschutz beim Umweltbundesamt, 2009

100 Die Zahl gilt für das Jahr 2020. https://www.destatis.de/DE/Themen/Branchen-Unternehmen/Landwirtschaft-Forstwirtschaft-Fischerei/Flaechennutzung/Methoden/anstieg-suv.pdf?__blob=publicationFile

101 Bei einer rückläufigen Bevölkerungszahl ist im Übrigen auch dieses Ziel noch viel zu hoch.

102 https://www.umweltbundesamt.de/daten/flaeche-boden-land-oekosysteme/flaeche

103 *Befestigte Flächen – verborgene Kosten. Alternativen zu Flächenver-*

brauch und Bodenversieglung, Europäische Union, 2013, https://data.europa.eu/doi/10.2779/1400
104 Etscheit 2016, S. 18
105 Néstor Fernández, Aurora Torres, Florian Wolf, Laura Quintero und Henrique M. Pereira: *Boosting ecological restoration for a wilder Europe*, 2020
106 s. o.
107 *Landscape fragmentation in Europe*. EEA report No. 2/2011, https://www.eea.europa.eu/publications/landscape-fragmentation-in-europe
108 natureneedshalf.org
109 www.half-earthproject.org
110 https://www.bmuv.de/download/aktionsprogramm-natuerlicher-klimaschutz
111 https://environment.ec.europa.eu/strategy/biodiversity-strategy-2030_de
112 https://www.decadeonrestoration.org/
113 *Assessment Report on the Diverse Values and Valuation of Nature*, IPBES 2022 https://ipbes.net/media_release/Values_Assessment_Published
114 Donella Meadows et al: »*Die Grenzen des Wachstums. Bericht des Club of Rome zur Lage der Menschheit*«, 1972
115 Paul Hawken: *Commerce and Wilderness*, in: Wild Earth 12, No. 3, 2002 https://www.environmentandsociety.org/sites/default/files/key_docs/rcc_00097012_3_1.pdf
116 Hickel 2022, S. 122
117 Crist 2020, S. 8
118 Ebd. S. 132
119 Vgl. *Biodiversität wiederherstellen, Klimaneutralität erreichen: Potenzialräume für die Renaturierung von Ökosystemen in Deutschland*, NABU 2021 https://www.nabu.de/imperia/md/content/nabude/naturschutz/210519-studie-gfn-renaturierungsstudie.pdf
120 https://www.bfn.de/pressemitteilungen/aktuelle-daten-zur-natuerlichen-waldentwicklung-deutschland

121 Panek in Knapp et al. 2021, S. 166

122 https://www.greenpeace.de/biodiversitaet/waelder/waelder-deutschland

123 *Ergebnisse der Waldzustandserhebung 2021*, BMEL 2021

124 Pierre Ibisch et al.: *Der Wald in Deutschland auf dem Weg in die Heißzeit. Vitalität und Schädigung in den Extremsommern 2018–2020*, im Auftrag von Greenpeace, 2021, https://www.greenpeace.de/publikationen/ibisch_et_al_2021_der_wald_in_deutschland_auf_dem_weg_in_die_heisszeit_final.pdf

125 https://www.fbg-saarland.de/

126 https://www.luebeck.de/de/rathaus/verwaltung/stadtwald/

127 Fähser in: Knapp et al. 2021, S. 337

128 Fähser ebd. S. 338

129 Fähser ebd., S. 340

130 *Schutzgebiete schützen nicht*, Greenpeace 2021

131 Panek in Knapp et al. 2021, S. 172

132 *Alles aus Holz – Rohstoff der Zukunft oder kommende Krise*, WWF Deutschland 2022; https://www.wwf.de/fileadmin/fm-wwf/Publikationen-PDF/Wald/WWF-Studie-Alles-aus-Holz.pdf

133 Bis zum Jahr 2020 sollten fünf Prozent der Wälder in Deutschland aus der Nutzung genommen werden. Dieses Ziel wurde bei Weitem verfehlt. https://www.bmel.de/SharedDocs/Downloads/DE/Broschueren/waldbericht2021.pdf?__blob=publicationFile&v=9, https://www.nabu.de/natur-und-landschaft/waelder/waldpolitik/26084.html

134 *Biodiversität wiederherstellen, Klimaneutralität erreichen: Potenzialräume für die Renaturierung von Ökosystemen in Deutschland*, NABU 2021 https://www.nabu.de/imperia/md/content/nabude/naturschutz/210519-studie-gfn-renaturierungsstudie.pdf

135 https://agriculture.ec.europa.eu/common-agricultural-policy/cap-overview/new-cap-2023-27_de

136 José Maria Rey Benayas und James M. Bullock: *Vegetation Restoration and Other Actions to Enhance Wildlife in European Agricultural Land-*

scapes, in: Henrique M. Pereira et al: *Rewilding European Landscapes,* S. 127

137 Wouter Helmer: *Rewilding Europe: A New Strategy for an old continent,* in: Henrique M. Peireira et al.: *Rewilding European Landscapes,* 2015

138 https://rewildingeurope.com/rewilding-in-action/nature-based-economies/

139 https://www.rewildingbritain.org.uk/support-rewilding/our-cam paigns-and-issues/nature-based-economies

140 https://rewildingeurope.com/landscapes/greater-coa-valley/

141 https://rewilding-portugal.com/sample-page-1-english/wild-coa-network/

142 https://www.rewildingeuropetravel.com/

143 knepp.co.uk/

144 https://knepp.co.uk/rewilding/background/

145 Die Geschichte dieses Prozesses hat Isabella Tree in einem lesenswerten Buch festgehalten (Isabella Tree, *Wilding,* auf Deutsch: *Wildes Land. Die Rückkehr der Natur auf unser Landgut,* 2022).

146 wildkenhill.co.uk

147 www.arrancoast.com

148 www.langholminitiative.org.uk/

149 https://wildnisindeutschland.de/wildnisfonds/#toggle-id-6

150 https://wildnisindeutschland.de/gebiete/heidehof/

151 https://www.stiftung-naturschutz-thueringen.de/handeln/stiftungs projekte/projekt/waldwildnis-thueringer-schiefergebirge-franken wald

152 www.wildeast.co.uk

153 https://www.wildlifefriendlyvillage.co.uk

154 Christine Lange-Krüger: *Zwischen Weltsicht und Garten. Die Welt neu denken lernen,* 2022

155 Storl 2000, S. 20

156 Hickel 2022, S. 85

157 vgl. Hickel, S. 62

158 Dabei sind nicht alle Menschen gleichermaßen inbegriffen. An dieser Stelle führt es jedoch zu weit, auch auf die Narrative zur Ausbeutung anderer Menschengruppen einzugehen, die nach ähnlichen Mustern verläuft. Kolonialismus, Sklaverei, Rassismus haben ebenfalls durch die Degradierung bestimmter Menschen zum Objekt funktioniert. Das Ziel war das Gleiche: die quasi unentgeltliche Aneignung von Land, Ressourcen, Arbeitskraft, Natur.

159 Andreas Weber: *Es gibt keine Trennung*, in: Oya 01 März/ April 2010

160 Mcfarlane 2017, S. 13

161 Edward O. Wilson: *Biophilia*, Cambridge 1984

162 Petra Pinzler: *Und was machst du so?* Die Zeit N° 29, 14. Juli 2022

163 https://edition.cnn.com/2021/06/20/asia/human-elephant-conflict-india-krithi-karanth-c2e-spc-intl-hnk/index.html

164 Weber 2018.

165 Bekoff 2014, S. 57

166 Bekoff 2014, S. 4

167 https://www.aldoleopold.org/about/the-land-ethic/

168 Morizot 2020, S. 13

169 Morizot 2020, S. 16

170 Morizot 2020, S. 125

171 Hickel 2022, S. 14

172 Ebd.

173 Hartmut Rosa: Resonanz. Eine Soziologie der Weltbeziehung, 2019

174 https://www.zeit.de/wirtschaft/2018-09/postwachstumsoekonomie-wirtschaftswachstum-ressourcen-eu-lebensqualiteat-offener-brief

175 https://www.oecdbetterlifeindex.org/de/

176 https://www.academia.edu/2130369

177 http://www.beyond-gdp.eu/

178 Lisi Krall: *Resistance*, in: George Wuerthner et al: *Keeping the Wild. Against the domestication of the earth*, S. 206

179 Hickel 2022, S. 163

180 Vortrag am 9. 9. 2022 im Rahmen der Eröffnung des 22. Internationalen Literaturfestivals Berlin; www.youtube.com/watch?v=4JFsXzXfgS4

181 Dagegen sind die ärmsten 50 Prozent der Weltbevölkerung (3,1 Milliarden Menschen) im selben Zeitraum nur für 7 Prozent der globalen Kohlendioxid-Emissionen verantwortlich (*Confronting Carbon Inequality*, Oxfam 2020).

182 Forbes 1992, S. 52

183 Ebd. S. 20

184 80 Prozent der Biodiversität ist in Gebieten zu finden, die von indigenen Völkern betreut werden. Hanna Rundle: *Indigenous knowledge can help solve the biodiversity crisis*, in: Scientific American, 2019; https://blogs.scientificamerican.com/observations/indigenous-knowledge-can-help-solve-the-biodiversity-crisis/

185 Stephen T. Garnetti et al: *A spatial overview of the global importance of Indigenous lands for conservation*, Nature Sustainability Vol. 1, Juli 2018

186 Die »Wächter:innen des Waldes« sind eine Gruppe indigener Guajajara aus Brasilien, die gegen die Holzmafia, die illegalen Rodung ihres Waldes und die Vernichtung ihrer unkontaktierten Awá-Verwandten kämpft. Die Informationen stammen von einer Veranstaltung mit Olimpio Guajajara, einem der Hauptaktivisten, am 7. 9. 2022 in Berlin.

187 Weber 2018

188 Kimmerer 2021, S. 37

189 Vgl. Marcel Mauss: »Die Gabe. Form und Funktionen des Austauschs in archaischen Gesellschaften«. Dort wird ausführlich die Bedeutung und das komplexe Gefüge, das das Schenken mit sich bringt, in verschiedenen indigenen Kulturen untersucht. Ein kritischer Punkt in seinem Werk ist jedoch die Frage, inwieweit es sich um ein Schenken mit Kalkül, also einzig in Erwartung einer Gegengabe, handelt. Es ist vielmehr mit einem tieferen Verständnis und dem Glauben an einen Kreislauf verbunden, bei dem durch Großzügigkeit einem selber Großzügigkeit widerfährt.

190 »Wie können wir unsere kranke Beziehung zur Natur heilen? Interview mit Robin Wall Kimmerer«, ZEIT Wissen Nr. 5/ 2021

191 Mattioli 2017, S. 307

192 Forbes 1992, S. 9

193 Kimmerer 2021, S. 204

194 Forbes 1992, S. 14

195 Vgl. Kimmerer 2021. Auch biologisch lässt sich der Einfluss der Ernte auf Pflanzen nachweisen. Werden Pflanzen gar nicht geerntet oder beweidet, hat dies einen genauso schlechten Einfluss wie Überernte oder Überweidung. Beim richtigen Maß gedeihen Pflanzen am besten.

196 Vgl. Stefano Manusco und Allessandra Viola: Die Intelligenz der Pflanzen, 2015

197 Vgl. Stefano Manusco: Pflanzenrevolution: Wie die Pflanzen unsere Zukunft erfinden, 2018

198 Gagliano 2018, S. 65

199 Ebd. S. 71

200 https://www.bayoakomolafe.net/post/what-climate-collapse-asks-of-us

201 https://learngerman.dw.com/de/bayo-akomolafe-wir-haben-die-klimakrise-nicht-unter-kontrolle/a-54081146

202 Aus dem Podcast: Báyò Akómoláfé – Getting Lost & Meeting the More-than-Human Vibrancy of the World, 4.3.2021; https://newrepublicoftheheart.org/podcast/064-bayo-akomolafe-getting-lost-meeting-the-more-than-human-vibrancy-of-the-world/